C.H.BECK WISSEN

Sowohl in der mittelalterlichen Artusliteratur als auch beim Kinohelden Indiana Jones gerät die Suche nach dem Heiligen Gral zu einer bewegenden Abenteuergeschichte. Matthias Egeler geht in seiner ebenso spannenden wie kompetenten Darstellung der 800-jährigen Geschichte des Grals auf Spurensuche nach diesem Objekt tiefer religiöser Sehnsüchte, das die Imagination europäischer Literaten und Künstler immer wieder aufs Neue entfacht hat. Jede Zeit hatte dabei ihren eigenen Gral: Bei Robert de Boron erscheint er als Kelch des letzten Abendmahls, der Sünder entlarvt, während er bei Wolfram von Eschenbach ein Stein ist, der ein Bankett wie im Himmelreich hervorbringt. Richard Wagners Lohengrin und Parsifal vermochten gar mythentrunkene Nationalsozialisten zu inspirieren, sich in den Pyrenäen auf Gralssuche zu begeben. Selbst bis in unsere Tage dauert die Rezeption des Grals noch an und hat ihre Spuren in der internationalen Popkultur ebenso hinterlassen wie in heutiger neopaganer Religiosität.

Matthias Egeler war 2017/18 Fellow am Wissenschaftskolleg zu Berlin. Nach langjährigem Aufenthalt in Oxford und Cambridge bekleidet er nun eine Heisenberg-Stelle am Institut für Nordische Philologie der Ludwig-Maximilians-Universität München, wo er auch im Interfakultären Studiengang Religionswissenschaft lehrt. Altnordische Literatur und europäische Religionsgeschichte bilden Schwerpunkte seiner Forschung.

Matthias Egeler

DER HEILIGE GRAL

Geschichte und Legende

C.H.Beck

Mit 6 Abbildungen

Die Entstehung dieses Buches wurde gefördert durch ein Fellowship am Wissenschaftskolleg zu Berlin und das Heisenberg-Programm der Deutschen Forschungsgemeinschaft.

Originalausgabe

www.chbeck.de
Satz: C.H.Beck.Media.Solutions, Nördlingen
Druck und Bindung: Druckerei C.H.Beck, Nördlingen
Reihengestaltung Umschlag: Uwe Göbel (Original 1995, mit Logo),
Marion Blomeyer (Überarbeitung 2018)
Umschlagabbildung: «Der Heilige Gral», Radierung von
Rogelio de Egusquiza y Barrena (1845–1915) aus dem Jahr 1893,
Illustration zu Richard Wagners Oper «Parsifal» (1882), nachkoloriert

Printed in Germany
ISBN 978 3 406 73972 9

myclimate

klimaneutral produziert
www.chbeck.de/nachhaltig

Inhalt

Vorwort

Will man einen Ort besuchen, der eng mit dem Gral verbunden ist, dann bietet sich einer wohl besonders an: der Hügel Wirrall Hill über dem südenglischen Städtchen Glastonbury. Er ist nur wenige Dutzend Meter hoch, doch da er sich steil aus der Küstenebene der Somerset Levels erhebt, eröffnet er in fast alle Richtungen weite Blicke über das flache Land. Nur nach Osten hin wird der Ausblick von einem weiteren Hügel, dem nahen Glastonbury Tor, begrenzt, auf dessen Gipfel der Turm einer alten, heute zerstörten Kirche eine markante Landmarke bildet.

Wenig unterhalb des Gipfels des Wirrall Hill steht ein Dornbusch. Die lokale Legende erzählt, dass einst, in den Tagen kurz nach der Kreuzigung Jesu, Joseph von Arimathäa den Gral aus dem Heiligen Land nach England brachte. Dort kam Joseph schließlich nach Glastonbury, und als er den steilen Hügel erklommen hatte, stieß er seinen Wanderstab in den Boden und sagte (aus einem unerfindlichen Grund auf Englisch): *Are we not weary all.* («Sind wir nicht alle müde.») Seitdem heißt der Hügel *Weary-all (Wirrall) Hill.* Der Wanderstab schlug Wurzeln, trieb Zweige und Blätter aus und wurde so zum Urahn ebenjenes Dornbuschs, der noch heute auf dem Hügel steht. Die Nachkommen von Josephs Dornbusch – der Busch hier auf dem Hügel und weitere unten in der Ortschaft Glastonbury – blühen zweimal im Jahr, davon einmal zur Weihnachtszeit; ein Zweig von einem dieser Büsche wird jedes Jahr der britischen Königsfamilie geschickt, um am ersten Weihnachtstag den königlichen Frühstückstisch zu schmücken. Joseph von Arimathäa selbst, so heißt es weiter, ließ sich in Glastonbury nieder und gründete dort ein Kloster; dies macht die Abtei von Glastonbury, die bis zu ihrer Auflösung durch Heinrich VIII. im Jahr 1539 bestand, in der lokalen Legende zum ursprünglichen Gralskloster. Der Gral selbst soll irgendwo im Chalice Hill («Kelch-Hügel») zwischen dem Glastonbury Tor und Wirrall Hill verborgen sein. Von dort färbe er das Wasser rot, das in der Chalice Well («Kelch-Quelle») am Fuß des Glastonbury Tor entspringt.

In Glastonbury ist der Gral an vielen Stellen in der Landschaft ganz konkret präsent: in den Hügeln und im Dornbusch, in der Quelle und in den Ruinen der Abtei. Diese Präsenz im Raum verbindet sich hier ferner mit einer starken Prominenz alternativreligiöser Strömungen. Glastonbury ist de facto die Hauptstadt alternativer Religiosität in Großbritannien, und in diesem Kontext wird den lokalen Gralslegenden eine Bedeutung verliehen, die eine tatsächlich religiöse Qualität annimmt. Der Gral ist hier nicht nur eine faszinierende Geschichte, sondern eine konkrete Größe im religiösen Leben: Die Chalice Well etwa liegt heute in einer Gartenanlage, die ausdrücklich der spirituellen Einkehr dienen soll, und ihrem eisenhaltigen (Grals-)Wasser werden Heilkräfte zugesprochen.

Das vorliegende Büchlein soll eine kurze Einführung in den Mythos des Heiligen Grals geben. Der Heilige Gral ist seit beinahe einem Jahrtausend eines der großen Themen der europäischen Imagination, das Literaten, Künstler und religiöse Sinnsucher gleichermaßen fasziniert und beschäftigt hat. Insbesondere im Mittelalter nahm die Faszination für den Gral immer wieder eine religiöse Dimension an; aber das Beispiel Glastonburys illustriert, dass der Gral auch heute noch ein Objekt tiefreligiöser Sehnsüchte sein kann. In der bisher bereits mehr als 800-jährigen Geschichte des Gralsmythos ist eine Vielzahl an Auseinandersetzungen mit diesem Thema entstanden, die in ihrer Gesamtheit längst nicht mehr zu überblicken ist. Jedes Buch über den Gral muss daher eine Auswahl treffen, erst recht eine kurze Einführung wie die vorliegende. Ziel dieses Buches ist, anhand einiger repräsentativer Beispiele einen Querschnitt durch die Geschichte des Grals zu bieten, der von seinen möglichen Anfängen in der Mythologie der Kelten der Britischen Inseln bis zur heutigen Gegenwart reicht. Insbesondere bei der Behandlung der Rezeption des Grals seit dem 19. Jahrhundert wird ein besonderes Augenmerk auf solchen Rezeptionsprozessen liegen, die entweder besondere Breitenwirkung entfaltet ha-

Abb. 1: Der Blick von Wirrall (Wearyall) Hill auf die Somerset Levels und, am Horizont, den Glastonbury Tor. Letzterer wird von einem Turm bekrönt, der als einziger Rest des Kirchengebäudes heute noch an die ehemalige St. Michael's Church erinnert. Im Vordergrund der Stamm des Glastonbury Thorn, der vom Wanderstab des Joseph von Arimathäa abstammen soll. Seine Krone wurde 2010 von Unbekannten abgesägt, vermutlich ein Akt von religiös-fundamentalistischem Vandalismus, der sich gegen den Glastonbury Thorn als Kristallisationspunkt einer reichen und vielschichtigen Mythologie wandte.

ben oder in denen die religiös-spirituelle Seite der Gralslegende noch bzw. wieder nachwirkt. Der Gral wird somit nicht nur als Phänomen von Kunst und Literatur, sondern als Phänomen der europäischen Religionsgeschichte vorgestellt. In diesem Sinne wird Kapitel 1 den Kontext des Gralsmythos in der frühen Artusliteratur, seine erste Formulierung durch den französischen Dichter Chrétien de Troyes und die Frage nach möglichen Wurzeln des Grals in vorchristlichen Mythen skizzieren. Kapitel 2 wird, hieran anschließend, Eckpunkte der weiteren Entwicklung des Gralsmythos in den Literaturen des Mittelalters beschreiben. Kapitel 3 wird sich der Wiederentdeckung des Grals in der deutschen und englischen Kunst und Literatur des 19. Jahrhunderts widmen, und Kapitel 4 wird Aspekte seiner Rezeption im

20. und 21. Jahrhundert ansprechen. Dabei werden nicht nur Film und Literatur im Mittelpunkt stehen, sondern insbesondere auch Versuche, den Gral als realen Gegenstand zu suchen, zu identifizieren und zu lokalisieren: etwa die Gralssuche des glücklosen Otto Rahn, der im «Dritten Reich» zum Mitglied des persönlichen Stabs Heinrich Himmlers aufstieg, ehe er schließlich in den Selbstmord getrieben wurde, und verschiedene Permutationen des «realen» Grals im englischen Glastonbury, wie die blaue Glasschale des Dr. John Goodchild. Aus Raumgründen wird die Diskussion der neueren Rezeption des Grals einen Schwerpunkt auf Deutschland, England und die (stark englisch geprägte) internationale Populärkultur legen; seine reiche Rezeption in anderen Ländern kann nur gelegentlich kurz angeschnitten werden.

1. Vom Mythos zum Mysterium: die frühe Artusliteratur, Chrétien de Troyes und die Frage keltischer mythologischer Wurzeln des Grals

Der Rahmen der Gralssage: die Erzählungen um König Artus

Schon die ältesten Belege für den Gral gehören der Artusliteratur an, und erst im 20. Jahrhundert streifen manche Varianten der Gralslegende die Verbindung mit König Artus ab. Der Umkehrschluss gilt jedoch nicht: Zwar ist praktisch alle frühe Gralsliteratur Artusliteratur, aber Artusliteratur ist nicht gleich Gralsliteratur. Denn die frühesten Artuserzählungen kennen den Gral noch nicht – zumindest nicht unter dem Namen «Gral».

Die erste für uns heute fassbare Gesamtschau der Biographie des Königs Artus – und damit das Rahmenwerk der Artusliteratur – wurde in der ersten Hälfte des 12. Jahrhunderts in Großbritannien formuliert: Etwa im Jahr 1136 schloss Geoffrey von Monmouth (ca. 1100–1154) seine *Historia Regum Britanniae* ab, seine *Geschichte der Könige Britanniens*. Dieses in lateinischer Sprache verfasste Werk behandelt die Geschichte Britanniens von seiner vorgeblichen ersten Besiedlung bis ins 7. Jahrhundert. Geoffrey beruft sich dabei als Quelle auf ein «uraltes» Buch in der «britannischen» (walisischen?) Volkssprache, das ihm angeblich vorgelegen habe; inwieweit dies historisch richtig oder ein literarischer Kunstgriff ist, der seiner Darstellung Autorität verleihen soll, lässt sich letztlich nicht entscheiden. Mit Geschichtsschreibung im modernen Sinn hat seine *Geschichte der Könige Britanniens* jedenfalls wenig zu tun. Die Art, wie Geoffrey seinen Stoff handhabt, ist stark legendenhaft, und das 6. Jahrhundert – die vorgebliche Zeit des Königs Artus – nimmt mit gut der Hälfte des Textes einen völlig überproportionalen Raum ein. Für die Entwicklung der Artusliteratur war Geoffreys

Buch jedoch wirkmächtig wie kein anderes: Denn mit diesem Werk schuf Geoffrey ein Gerüst, in das sich die weitere Entwicklung der Legenden um König Artus einfügen konnte. Auch viele der übernatürlichen Elemente dieser Erzählwelt werden bei Geoffrey zum ersten Mal für uns fassbar oder wurden in der Form, in der sie später ihre größte Wirkung entfalten sollten, sogar von ihm erst geschaffen. So erwähnt er etwa als Erster die Insel Avalon, auf die Artus am Ende seines Lebens entrückt wird, um dort seinen tödlichen Wunden zum Trotz geheilt zu werden, und den Zauberer Merlin.

Die beiden Motive von Avalon und Merlin illustrieren eine für die früheste Artusliteratur charakteristische Mischung von hochmittelalterlicher literarischer Innovation und Verwurzelung in Traditionen der Kelten der Britischen Inseln. Die Rückbindung an die keltische Welt ist so zentral für den Artusstoff, dass sie ihm den Namen *matière de Bretagne* einbrachte: «Stoff Britanniens». Dieser Name lässt indes offen, ob «Britannien» sich auf Großbritannien bezieht, wo zeitgenössisch nicht zuletzt in Wales und Cornwall noch keltische Sprachen gesprochen wurden, oder auf die Bretagne im Westen Frankreichs, die damals gleichfalls noch überwiegend keltischsprachig war und es in Resten heute noch ist. Avalon und Merlin können als anschauliche Beispiele dafür dienen, wie weit diese Rückgebundenheit an keltische Erzähltraditionen in der Artusliteratur reichen kann, und sollen daher etwas ausführlicher besprochen werden.

Avalon wird in Geoffreys *Geschichte der Könige Britanniens* als die Insel erwähnt, auf die Artus entrückt wird, nachdem er in seiner letzten Schlacht tödlich verwundet worden ist. Ausführlicher behandelt Geoffrey Avalon in seiner etwas später verfassten *Vita Merlini*, dem *Leben Merlins*, einem langen Gedicht in lateinischen Hexametern; es stammt wohl aus den Jahren zwischen 1148 und 1154. In diesem Text ist Avalon eine paradiesische Insel, deren Einwohner eine übermenschlich lange Lebensspanne haben und die von neun zauber- und heilkundigen Schwestern beherrscht wird. Dort nimmt sich die Herrin dieser Insel – Morgen – des Königs an; obwohl zuvor ausdrücklich gesagt worden ist, dass Artus tödliche Verletzungen erlitten hat, verspricht sie, ihn heilen zu können, wenn er eine lange Zeit bei ihr in Avalon bleibe. Geoffrey schmückt seine Darstellung mit vielfachen Anleihen bei der klassischen römischen Mythologie aus, und so ist der Grad des keltischen Erbes im Avalon-Mythos in der Forschung ganz unterschiedlich beurteilt worden. Wenn man jedoch sowohl Geoffreys erste ausführliche Schilderung Avalons als auch andere frühe Bearbeitungen des Stoffes berücksichtigt, ist deutlich, dass die Insel Avalon der Artusliteratur ihr engstes Gegenstück in anderweltlichen Inseln der irischen Literatur findet. Dort beschreibt etwa die Erzählung *Immram Brain maic Febail* (die «Seereise des Bran Sohn von Febal») bereits im 8. Jahrhundert die Entrückung eines heroischen Königs auf eine Insel, die von anderweltlichen Frauengestalten beherrscht wird und wo es keinen Tod gibt, ebenso wie Artus in der Hand der zauberkundigen Heilerinnen von Avalon dem sicheren Tod entgeht. Zudem spielen anderweltliche Äpfel in *Brans Seereise* eine wesentliche Rolle dabei, wie König Bran auf diese Insel gelockt und wie sie dargestellt wird. Dies findet in der Artusliteratur ein Gegenstück darin, dass der Name *Avalon* als «Apfelinsel» aufgefasst wurde: Bereits Geoffrey erklärt Avalon zur *insula pomorum*, zur «Insel der Äpfel». So scheint Avalon als eine Insel anderweltlicher Frauen, der Äpfel und der Unsterblichkeit und als das Ziel der Entrückung eines Königs in der einen oder anderen Weise Wurzeln in der Mythologie der Kelten der Britischen Inseln zu haben, wo dieselben Elemente in derselben Kombination schon lange zuvor bezeugt sind.

Merlin wiederum findet sein keltisches Gegenstück weniger in Irland als in Großbritannien. Dort erscheint *Myrddin* in der walisischen Literatur als ein Krieger des 6. Jahrhunderts, der in einer Schlacht wahnsinnig wurde und danach für viele Jahre in der schottischen Wildnis lebte. In den mittelalterlichen Quellen tritt er auch unter dem Namen Lailoken auf und nimmt Züge eines Sehers an. Geoffrey griff diese Figur auf und machte sie zu einem herausragenden Propheten. Vor allem aber gab der Schriftsteller ihm den Namen, den er in der Artusliteratur fortan tragen sollte. Da Geoffrey auf Latein schrieb, latinisierte er die Namen seiner Figuren; sein Publikum bestand aber aus der französischsprachigen anglonormannischen Oberschicht, die das England seiner Zeit beherrschte. Hätte Geoffrey Myrddin in derselben Weise latinisiert, wie er das mit seinen Protagonisten sonst getan hat, hätte er ihn «Merdinus» genannt – was für ein französischsprachiges Publikum aber wohl (im doppelten Wortsinn) komisch geklungen hätte, hätte es doch das französische Wort *merde* evoziert: «Scheiße». So verdankt Merlin seine literarische Form in den späteren Artuserzählungen einer Mischung von keltischer Sehergestalt und anglonormannischen Empfindlichkeiten.

Eine wichtige Wurzel der Artusliteratur ist somit in Erzähltraditionen der Kelten der Britischen Inseln zu finden. Ungeachtet dieser starken lokalen Rückgebundenheit wurde die Artusliteratur jedoch schon früh zu einem internationalen Phänomen. Geoffrey von Monmouth ist der erste namentlich bekannte Autor, der uns als Verfasser von Artustexten entgegentritt, und er trug wesentlich dazu bei, dieser Literatur ihre spätere Form zu geben. Schon zu seiner Zeit waren Geschichten über König Artus jedoch weit verbreitet: Bereits in der ersten Hälfte des 12. Jahrhunderts hatte die Erzähltradition um den britannischen König eine gesamteuropäische Dimension. Zu dieser Zeit wird sie in der Kunst Norditaliens greifbar. Im zweiten Viertel des 12. Jahrhunderts wurde ein Seitenportal der Kathedrale von Modena, die Porta della Pescheria, mit einem Artusrelief geschmückt: Mehrere Ritter greifen darauf eine Burg an, in der eine Frau gefangen gehalten zu werden scheint. Da den Figuren ihre Namen beigeschrieben sind – unter anderem *Artus de Bretania*, *Galvaginus* (= Gawain), *Che* (= Kai) und, als Gefangene in der Burg, *Winlogee* (= Guinevere) –, ist sicher, dass es sich um einen Artusstoff handelt; welchen jedoch, ist nicht klar, da die spezifische Erzählung zu diesem Relief nicht erhalten zu sein scheint. Das Artusrelief von Modena illustriert damit zwei wichtige Sachverhalte: Die überlieferten Texte der Artusliteratur stellen erstens nur die Spitze des Eisbergs dar; und zweitens waren schon zu dem Zeitpunkt, als die ersten dieser Texte

Abb. 2: Das Artus-Relief der Porta della Pescheria der Kathedrale von Modena in Norditalien: *Artus de Bretania* rettet seine Königin aus einer Burg, in der sie gefangen gehalten wird.

schriftlich niedergelegt wurden, Artuserzählungen, wohl in mündlicher Form, in ganz West- und bis nach Südeuropa verbreitet.

Die Verwendung eines Motivs aus den Heldensagen um König Artus zum Schmuck einer Kirche war zeitgenössisch nicht so ungewöhnlich, wie das aus einer heutigen Perspektive vielleicht scheinen mag. In der Kathedrale von Otranto in Apulien, weit im Süden des italienischen Stiefels, wurde im Jahr 1165 ein großes Bodenmosaik gelegt, das neben religiösen Motiven die Figur des *Rex Arturus* zeigt, des «König Artus». Später ordnete zudem die Behandlung des Gralsthemas die Artusliteratur oft in einen religiösen Rahmen ein. Dennoch war die Haltung der Kirche zur blühenden Erzähltradition um diesen König nicht immer uneingeschränkt positiv. Im frühen 13. Jahrhundert (wohl in den Jahren zwischen 1219 und 1223) hielt der deutsche Kleriker Caesarius von Heisterbach in seinem *Dialogus Miraculorum*, dem *Dialog der Wunder*, eine Anekdote fest, der zufolge ein gewisser Abt das Problem hatte, dass seine Mönche während der Predigt regelmäßig einschliefen. Eines Tages hatte er davon genug, und als alle Mönche schliefen, sprach er den Namen «Artus» aus – und alle waren sofort wach und aufmerksam. Der Abt nahm dies natürlich zum Anlass, den Mönchen eine Predigt darüber zu halten, dass sie schliefen, während er von Gott sprach, aber bei leichtem Gerede sofort aufwachten.

Sosehr es aber auch manchen (und eben nur manchen) Kirchenoberen missfallen haben mag, die Erzählungen um König Artus und seine Ritter waren ungemein populär. Gerade in den «britischen» Ländern, also in den walisischsprachigen Teilen Großbritanniens und in der Bretagne, waren sie für ihre Hörer viel mehr als bloße Literatur. So erwähnt der anglonormannische Autor William von Malmesbury um 1125, dass in den Tagen von Wilhelm dem Eroberer in Wales das Grab Gawains entdeckt worden sei, eines der berühmten Ritter der Tafelrunde. In diesen Bericht flicht er spöttelnd ein, dass deswegen, weil ein Grab des Königs Artus nicht bekannt sei, «alte Ammenlieder» behaupten würden, er werde eines Tages wieder zurückkehren. Eine Gruppe Kleriker aus Laon, die im Jahr 1113 Devon und Cornwall besuchte, um dort mit Hilfe eines wundertätigen Marienschreins Spenden zu sammeln, fand sich aufgrund dieser Vorstellung sogar im Zentrum einer Massenschlägerei wieder: Hermann von Laon berichtet in seinen *Wundern der Hl. Maria von Laon*, dass der besagte Schrein, den die Mönche aus Laon mit sich führten, in einem Dorf eine Blinde und einen Tauben geheilt hatte und schließlich von einem jungen Mann mit einer verdorrten Hand aufgesucht wurde. Dieser begann sich dann aber mit einem der Diener der Kleriker über die Frage zu prügeln, ob König Artus noch lebe; und diese Prügelei weitete sich bald zu einem ausgewachsenen Aufruhr aus. Schließlich stürmte sogar eine große Zahl bewaffneter Männer die Kirche, die Schauplatz des Geschehens war, und nur das Einschreiten eines lokalen Geistlichen verhinderte, dass es zu Blutvergießen kam. Hermann kann es sich nicht verkneifen zu bemerken, dass der junge Mann nicht geheilt wurde, und zieht einen Vergleich zu den Zuständen in der Bretagne: Auch die Bretonen würden regelmäßig mit den Franken über dieselbe Frage streiten. In der Literatur des 12. Jahrhunderts wird von anderen Autoren – und meist mit viel Spott und Verachtung – ebenso erwähnt, dass die Britannier und Bretonen die Wiederkehr des Königs Artus erwarten würden. Artus wird hier vom Helden zum Messias.

Ähnlich wie Avalon und der Zauberer Merlin ist auch diese Entwicklung möglicherweise tief verwurzelt in heroisch-mythischen Traditionen der Kelten der Britischen Inseln. Die irische Erzählung von der *Seereise des Bran Sohn von Febal* wurde bereits erwähnt, die ein Land von Frauen jenseits des Meeres beschreibt, das auffallend an die Insel Avalon erinnert. Diese Erzählung enthält eine Passage, in der Bran auf hoher See dem alten Meeresgott Manannán begegnet. Dieser erzählt Bran, dass er sich soeben auf dem Weg nach Irland befinde: Dort werde er einen Sohn namens Mongán zeugen, der zwar Manannáns Sohn sein, aber von einem anderen Mann als dessen Sohn anerkannt werden würde. Dieses Kind werde zu einem mächtigen König heranwachsen, der sowohl weise als auch ein großer Krieger sein werde, der auf dem Schlachtfeld über seine Feinde triumphiert. Zugleich werde er mit den Wesen der Anderwelt auf vertrautem Fuße stehen. Jedoch werde seine Zeit in der Welt der Menschen begrenzt sein, denn nach einem außergewöhnlichen Leben werde er im Kampf tödlich verwundet und von einer «weißen Schar unter einem Nebelrad» in eine paradiesische Anderwelt entrückt werden. Mongáns Biographie zeigt damit auffallende Parallelen zur Biographie des Königs Artus: Ebenso wie Mongán von Manannán offenbar mit einer verheirateten Frau gezeugt wird, ist Artus der uneheliche Sohn von Uther Pendragon, dem König von Britannien, und Ygerne, der Frau von Gorlois, dem Grafen von Cornwall. Beide sind vorbildliche Könige und herausragende Helden; beide sind eng mit dem Übernatürlichen verbunden; beide erleiden am Ende ihres Lebens in der Welt der Menschen in einer Schlacht eine tödliche Wunde; und beide werden daraufhin noch vor Eintritt des Todes in eine paradiesische Anderwelt entrückt. Vergleicht man die Biographie des Königs Artus mit der des irischen Königs Mongán, dann drängt sich die Vermutung auf, dass Artus nicht für sich allein steht, sondern nur das berühmteste Beispiel für einen geläufigen inselkeltischen Typ mythischer Heldenkönige darstellt. Vor diesem Hintergrund ist es vielleicht etwas weniger verwunderlich, wenn unter den Britanniern und Bretonen ein leidenschaftlicher Glaube an seine Wiederkehr herrschte. Und hier noch wichtiger: Wenn so zentrale Elemente der Artusliteratur wie Avalon, Merlin und sogar die Biographie von König Artus selbst auf keltischem Erzählgut beruhen, dann mag dasselbe womöglich auch für den Gral gelten. Ehe diese Frage sich weiterverfolgen lässt, ist jedoch zunächst erst einmal das älteste eindeutige Zeugnis für den Gral vorzustellen.

Die erste Gralsdichtung: der **Perceval** *des Chrétien de Troyes*

Die erste Biographie des Königs Artus ist, wie bereits ausgeführt, Teil der *Geschichte der Könige Britanniens* des Geoffrey von Monmouth; darin wird der Gral noch nicht erwähnt. Seinen ersten – und sogleich zentralen – Auftritt hat der Gral im altfranzösischen Versroman *Perceval* des Chrétien de Troyes. Über das Leben des Dichters wissen wir wenig Sicheres; nicht einmal seine genauen Lebensdaten sind bekannt. Chrétien stammte aus Troyes in Nordfrankreich und wirkte in der zweiten Hälfte des 12. Jahrhunderts. Wohl etwa von 1164 bis 1180 hielt er sich am Hof der Gräfin Marie de Champagne auf, der Tochter des französischen Königs Ludwig VII.; ihre Enkelin Johanna I. von Flandern (1200–1244) sollte später die dritte Fortsetzung von Chrétiens *Perceval* durch einen gewissen Manessier veranlassen, auf die noch zurückzukommen sein wird. Dieses Detail illustriert, in welchem Maß die frühe Geschichte des Grals mit den französischsprachigen Herrscherhäusern des Hochmittelalters verflochten war: Der Gral, wie er uns in den erhaltenen Gralsdichtungen entgegentritt, ist eine Schöpfung der Kultur der Höfe des Hochadels.

Chrétien schrieb fünf Versromane zu Themen der Artussage.

Sein erster, wohl um 1170 verfasster Artusroman *Erec et Enide* («Erec und Enide») wendet sich vom Muster der *Geschichte der Könige Britanniens* und ihrer verschiedenen Bearbeitungen ab: Dieses Werk gibt nicht mehr vor, Geschichtsschreibung zu sein, sondern verfolgt das Schicksal und die Abenteuer eines Einzelcharakters, in diesem Fall des Ritters Erec und seiner nicht immer ganz unproblematischen Beziehung zu seiner Frau Enide. Damit etabliert Chrétien die Grundstruktur mittelalterlicher Artuserzählungen, die von da an das Genre dominieren sollte: Artus selbst ist eine Figur im Hintergrund; im Zentrum der Geschichte stehen ein oder einige wenige Ritter, die von Artus' Hof aus losziehen, um Abenteuer zu erleben und große Taten zu vollbringen, und die am Ende wieder an den Hof zurückkehren. Der Fokus von Chrétiens zweitem Artusroman *Cligès* liegt erneut auf den Themen Liebe und Ehe und speziell auf der Auflösung einer Dreiecksbeziehung; dabei bietet der Artushof dem namensgebenden Helden Cligès einen Ort des Rückzugs und der Bewährung. *Lancelot ou Li Chevalier de la Charrette* («Lanzelot oder der Karrenritter») behandelt eine Entführung der Königin Guinevere vom Artushof und ihre Rettung durch Lanzelot; seine Brisanz erhält der Stoff durch die ehebrecherische Liebe zwischen Artus' Königin und Artus' Gefolgsmann. Das Thema für diesen Versroman war Chrétien nach eigener Aussage von Marie de Champagne vorgegeben worden. *Yvain le Chevalier au Lion* («Yvain der Ritter mit dem Löwen») erzählt, wie Yvain sich durch Rittertaten die Gunst einer Frau erwirbt, diese dann aber über weiteren Heldentaten stark vernachlässigt und damit eine Krise herbeiführt, die erst nach dem Bestehen vieler mühevoller Abenteuer ein glückliches Ende nimmt.

In diesen ersten vier Versromanen steht ganz das Thema der Liebe im Mittelpunkt. Der Ritter gewinnt durch seine Taten die Liebe einer Frau, doch zugleich besteht zwischen Liebe und Rittertum ein Spannungsverhältnis; denn Verwicklungen ergeben sich, sowohl wenn der Ritter das Rittertum für seine Liebe als auch wenn er seine Liebe für das Rittertum vernachlässigt. Chrétiens letzter Versroman, dessen Thema ihm von Graf Philipp I. von Flandern vorgegeben worden war, verschiebt demgegenüber den Fokus: *Le Roman de Perceval ou Le Conte du Graal* («Der Roman von Perceval oder die Geschichte vom Gral»). In diesem Roman geht es darum, was es heißt, ein Ritter zu sein, wie ein Ritter sich verhalten sollte und dass die Sehnsucht nach einem Leben als Ritter keine unbegrenzte Berechtigung hat: Denn die Mühen und Leiden des Helden Perceval und der Personen in seiner Umgebung sind letztlich eine Folge der Rücksichtslosigkeit, mit der er seinen Wunsch verfolgt, ein Ritter zu werden, und infolge derer er sich sogar gegen seine eigene Mutter versündigt.

Mit dem *Perceval* beginnt die eigentliche Geschichte des Grals: Dieser Roman ist der erste erhaltene Text, der den Gral erwähnt. Schon hier steht er im Mittelpunkt der Erzählung, da er den Gegenstand der Suche des Hauptthelden der Geschichte darstellt. Als Perceval den Gral zum ersten Mal sieht, versäumt er es aufgrund falsch verstandener Benimmregeln, nach der Bedeutung der Gralsprozession zu fragen. Im Rahmen der Erzählwelt des Gralsromans stellt dies ein Vergehen dar, das das Land ins Unglück stürzt und das nur Perceval wiedergutmachen kann, indem er den Gral wiederfindet und die versäumte Frage nachholt. Es ist wesentlich für die Motivation der Handlung, dass Perceval bei seiner ersten Begegnung mit dem Gral nicht erfährt, was dessen Natur ist; auch die Leser und Hörer der Erzählung werden im Dunkeln gelassen. Am Ende des Romans hätte die Frage vermutlich beantwortet werden sollen, doch Chrétien starb, ehe er den *Perceval* vollenden konnte. Die Frage, worum genau es sich bei Chrétiens Gral handelt, blieb also offen. Damit wurde ein leerer Raum geschaffen, den die Imagination nachfolgender Generationen ausfüllen konnte, und genau dies tat sie auch: Bald nachdem Chrétiens Tod seiner Arbeit am Gralsroman ein Ende gesetzt hatte, begannen andere Autoren, Geschichten zu verfassen, in denen sie ihre Erklärung der Natur des Grals gaben. Binnen weniger Jahrzehnte entstanden allein vier «Fortsetzungen», die Chrétiens unvollendetem Roman einen Abschluss geben sollten und auf die im Folgenden noch näher eingegangen werden wird. Ebenso wurden Vorworte zum *Perceval* und selbständige Gralstexte geschrieben. Der *Perceval* wurde so für die Geschichte des Gralsmythos zum wichtigsten heute noch erhaltenen Text. In Anbetracht dieser zentralen Rolle des Werkes scheint es angemessen, die Handlung im Detail zusammenzufassen:

Der Roman beginnt mit einer ausführlichen Widmung an Graf Philipp I. von Flandern, der die Arbeit des Dichters nicht nur freigebig fördere, sondern, wie Chrétien schreibt, ihm im Fall des *Perceval* sogar den Stoff für die Dichtung vorgegeben habe: Denn die Geschichte des Grals, die Chrétien erzählen will, beruhe auf einem Buch, das Graf Philipp ihm gegeben habe. Auf dieses Buch bezieht Chrétien sich in seinem Werk wiederholt, indem er es als Autorität für verschiedene Details zitiert.

Die Geschichte erzählt von einem walisischen Jungen namens Perceval. Dieser Junge wird, weit entfernt von der höfischen Gesellschaft, von seiner Mutter tief im Wald erzogen. Dadurch will sie ihn davor bewahren, je vom Rittertum zu erfahren: Nachdem sein verstorbener Vater durch eine Kriegsverletzung zum Invaliden geworden und seine beiden Brüder als Ritter im Kampf gefallen sind, will sie um jeden Preis verhindern, dass Perceval denselben Lebensweg wählt. Eines Tages jedoch, als er sich eben im Wald im Gebrauch seiner Wurfspeere übt, die er zur Jagd verwendet, kommt eine Gruppe von Rittern seines Wegs. Perceval hat noch nie einen Ritter gesehen und hält sie zuerst für Dämonen, dann für Engel und ihren Anführer in seiner glänzenden Rüstung schließlich sogar für Gott selbst. Amüsiert über die Ahnungslosigkeit und Naivität des Jungen, beantwortet der Anführer der Gruppe nun geduldig Percevals Fragen. (Wozu dient eine Lanze? Werden Ritter schon im Kettenhemd geboren?) So erfährt Perceval, dass man ein Ritter werden kann, indem man sich von König Artus zum Ritter schlagen lässt, und will nun genau dies tun. Als er seiner Mutter von dieser Begegnung erzählt, fällt sie in Ohnmacht; doch Perceval kümmert sich nicht darum, in welche Verzweiflung er sie mit seinem Wunsch, Ritter zu werden, stürzt. Als seine Mutter sieht, dass sie ihn nicht von seinem Entschluss abbringen kann, gibt sie ihrem völlig unerfahrenen Sohn, der von der Welt nichts weiß, noch einige gut gemeinte Ratschläge mit auf den

Weg. So zieht er los und sieht zwar noch, wie seine Mutter zusammenbricht, reitet aber trotzdem davon.

Indem Perceval im Folgenden die Ratschläge seiner Mutter auf extrem naiv-wörtliche Art und Weise befolgt, bringt er sich und (vor allem) andere in Schwierigkeiten. Dennoch findet er den Weg zum Hof des Königs Artus in Carlion, macht sich dort sowohl Freunde als auch Feinde, gewinnt eine Rüstung und ein Streitross (indem er ihren vorherigen Besitzer mit einem Wurfspeer tötet) und findet einen Edelmann, Gorneman de Gorhaut, der ihn schließlich zum Ritter macht und ihn in den Grundlagen des Gebrauchs seiner neuen Waffen unterrichtet. Da Perceval seine Mutter aufsuchen und sehen will, in welchem Zustand sie sich befindet, schlägt er Gornemans Angebot aus, längere Zeit in dessen Burg zu bleiben und noch mehr von ihm zu lernen. Bei seinem Abschied bekommt er von Gorneman immerhin verschiedene weitere Ratschläge mit auf seinen Weg, darunter auch, nicht zu viel zu reden – was später verhängnisvolle Folgen haben wird. Danach macht Perceval sich auf den Weg zu seiner Mutter.

Schon bald wird Perceval von diesem Ziel jedoch abgelenkt. Kurz nach seinem Aufbruch erreicht er die Burg von Gornemans wunderschöner Nichte Blancheflor. Diese Burg wird gerade belagert und steht kurz vor der Kapitulation. Perceval verfällt den Reizen des Mädchens sofort und besiegt die Belagerer in einer Reihe von Einzelkämpfen und Scharmützeln; erst als er den Letzten von ihnen als Gefangenen zu König Artus geschickt hat, zieht er weiter, wenn auch nicht, ohne der Burgherrin die Heirat und seine baldige Rückkehr zu versprechen.

Einen Reisetag später gelangt Perceval an einen tiefen, schnell fließenden Fluss, den er mit seinem Pferd nicht durchqueren kann. Auf der Suche nach einem Übergang reitet er das Ufer entlang, bis er plötzlich ein Boot sieht, in dem zwei Männer sitzen; einer von ihnen angelt mit einer Leine und einem kleinen Fisch als Köder. Als Perceval die beiden anruft, sagen sie ihm, dass es auf viele Meilen weder eine Furt noch eine Brücke noch eine Fähre gibt, die ihn übersetzen kann, und der Fischer bietet ihm für die Nacht die Gastfreundschaft seines Hauses an. Nach kurzer Suche findet Perceval dessen Burg und wird von den Bediensteten in eine große Halle geführt, wo ihn ein ungewöhnlicher Anblick erwartet: Mitten in dem hell erleuchteten Saal steht ein Bett, auf dem ein reich gekleideter, würdiger Edelmann liegt und neben dem in einem prächtigen Herd ein großes Feuer brennt. Der Edelmann schenkt Perceval ein wundersames Schwert, das nur auf eine (ungenannte) Art zerbrochen werden könne. Während die beiden Männer sich daraufhin unterhalten, trägt ein Junge eine Lanze am Bett vorbei, aus deren Spitze ein Tropfen Blut austritt, der ihren Schaft hinabrinnt. Perceval betrachtet all das mit Verwunderung, denkt aber an Gornemans Rat, nicht zu viel zu reden, und fragt daher nicht, was dies bedeute. Dann kommen zwei weitere Knaben mit prächtigen Kerzenhaltern sowie ein schönes, reich gewandetes Mädchen, das einen goldenen, edelsteinbesetzten Gral in ihren Händen hält; dieser Gral glänzt so hell, dass die Kerzen in der Halle ihren Glanz neben ihm zu verlieren scheinen. (Chrétien führt hier tatsächlich nicht «den Gral» in die Geschichte ein, sondern «einen Gral»: Für das zeitgenössische Publikum bezeichnete das Wort einen bestimmten Teil des Tafelgeschirrs, nämlich eine Art von breiter, flacher Schale, die als Servierplatte verwendet wurde.) Hinter dem Mädchen mit dem Gral geht ein weiteres Mädchen, das eine silberne Platte trägt. Diese ganze Prozession zieht am Bett vorbei und verschwindet dann in einer Nebenkammer. Perceval wundert sich sehr, ist aber weiterhin des Rats seines Mentors Gorneman eingedenk und schweigt.

Nun wird in der Halle ein Tisch aufgestellt und reich gedeckt, und Perceval und sein Gastgeber werden mit Wild bewirtet, das auf der silbernen Platte zerteilt wird. Währenddessen wird bei jedem Gang erneut der Gral an ihnen vorübergetragen, aber Perceval fragt nicht, wer mit dem Gral bewirtet werde. (Chrétien betont wiederholt, dass Perceval versäumt, diese Frage zu stellen; Chrétiens Gral scheint vor allem das prachtvollste Stück des Tafelgeschirrs zu sein, wenn auch eines, das in ein Mysterium gehüllt ist.) Das prächtige Festmahl dauert lange, bis der Hausherr Perceval schließlich eine gute Nacht wünscht und sich in seine Kammer tragen lässt; selber zu gehen vermag er nicht.

Als Perceval am nächsten Morgen aufwacht, ist er allein in der Halle. Die einzigen offenen Türen sind die nach draußen. Auf der Suche nach jemandem, den er zum merkwürdigen Spektakel des Vorabends befragen könnte, reitet Perceval aus der Burg; als er die Zugbrücke noch kaum überquert hat, wird sie schon hinter ihm hochgezogen, und er ist aus der Gralsburg ausgesperrt. Im Wald findet er bald ein weinendes Mädchen, das den Leichnam eines enthaupteten Ritters in seinen Armen hält. Im Gespräch mit diesem Mädchen erfährt Perceval, dass er die Nacht in der Burg des Fischerkönigs verbracht hat. Dieser König war in einer Schlacht verwundet worden – ein Speer hatte seine beiden Schenkel durchbohrt –, und da diese Wunde nie richtig verheilt war, war das Fischen der einzige Sport, den er ausüben konnte. (Der «Fischerkönig» wird als König der Gralsburg in vielen Bearbeitungen des Gralsstoffs eine wichtige Rolle spielen; dabei wird der Titel mitunter eigentümlich uminterpretiert werden [s. S. 46], obwohl er bei Chrétien offenbar nur darauf beruht, dass der Fischerkönig sich seine Zeit gern mit dem Fischen vertreibt.) Neben ihm auf seinem Bett sitzen zu dürfen, war eine große Ehre. Als Perceval jedoch zugibt, nicht nach der Bedeutung der blutenden Lanze, des Grals und der silbernen Platte gefragt zu haben, macht das Mädchen ihm schwere Vorhaltungen: Wenn er gefragt hätte, hätte er den König damit geheilt, und der König hätte seine Herrschaft wiedererlangt. Das Mädchen offenbart sich jetzt als Percevals Cousine und erzählt ihm, dass sein Versagen die Folge seines Fehlverhaltens seiner Mutter gegenüber war, die inzwischen aus Kummer gestorben ist.

Perceval zieht nun weiter zu neuen Abenteuern; das Schwert des Fischerkönigs zerbricht dabei schon im ersten Kampf, in dem Perceval es verwendet. Er gelangt schließlich wieder an den Hof von König Artus in Carlion. Dort erscheint jedoch bald eine unfassbar hässliche Frau, ein abscheuliches Wesen mit schwarzer Haut, tierhaften Gesichtszügen und krummen Gliedern, und erzählt ausführlich von seinem Versagen in der Burg des Fischerkönigs und davon, wie nun das Land infolgedessen verwüstet wird. Perceval reagiert darauf mit dem Schwur, loszuziehen und keine zwei Nächte am selben Ort zu verbringen, bis er in Erfahrung gebracht habe, wer aus dem Gral bedient werde und warum die Lanze blute. Auch die anderen Ritter in Artus' Gefolge zerstreuen sich, um den verschiedensten Herausforderungen zu begegnen und Abenteuer zu suchen.

Von nun an erzählt Chrétiens Roman über weite Strecken die Abenteuer Gawains. Diese verflicht er mit dem Gralsstoff, indem Gawain im Rahmen eines seiner Abenteuer den Auftrag erhält, die blutende Lanze zu finden; denn von ihr sei prophezeit worden, dass sie eines Tages das ganze Königreich Logres zerstören werde. Perceval vergisst währenddessen für fünf Jahre völlig die Verehrung Gottes, bis ihn eine Begegnung mit einer Wallfahrergruppe wieder zur Besinnung bringt und ihn zu einem heiligen Einsiedler führt. Perceval schreibt sein jahrelanges Fehlverhalten seinem Versagen in der Burg des Fischerkönigs zu. Der Einsiedler aber erklärt ihm, dass sein Unglück die Folge seines sündhaften Verhaltens seiner Mutter gegenüber ist: Sie starb an dem Kummer, den er ihr bereitete, und dies führte erst zu seinem Versagen im Angesicht des Grals und der blutenden Lanze und so zu allen weiteren Misslichkeiten, die sich wiederum daraus ergaben. Der Einsiedler erläutert Perceval, wem mit dem Gral Speise gereicht wird, nämlich dem Vater des Fischerkönigs. Die Nahrung, die im Gral dargeboten wird, ist eine einzige Hostie; der Gral ist «ein so heiliges Ding», dass der Vater des Fischerkönigs seit zwölf Jahren von nichts anderem lebt als von dieser einen Hostie, und in dieser ganzen Zeit hat er seine Kammer kein einziges Mal verlassen. Von dem Einsiedler wird Perceval zu einem christlichen Lebenswandel zurückgeführt. Nach dieser Episode wendet Chrétiens Erzählung sich wieder den Abenteuern Gawains zu; dieser steht nun im Zentrum, bis das unvollendete Werk abbricht, und weder Perceval noch der Gral werden noch einmal erwähnt. In der Mehrzahl der Handschriften geht Chrétiens Text bruchlos in die sogenannten Fortsetzungen über, die in einem späteren Kapitel noch ausführlich vorgestellt werden sollen (s. S. 51 ff.).

Ein literarisches Werk wie Chrétiens *Perceval*, und noch mehr eine so komplexe und eigentümliche Szene wie Percevals Begegnung mit der Gralsprozession, steht stets in einer Vielzahl ganz unterschiedlicher Kontexte. Die meisten heutigen Leser des Textes werden den Gral ganz selbstverständlich mit dem Kelch des Letzten Abendmahls assoziieren, das Jesus mit seinen Jüngern am Vorabend seiner Gefangennahme durch die Römer feierte. In der späteren Rezeption von Chrétiens *Perceval* wurde diese Deutung des Grals sehr schnell – binnen weniger Jahrzehnte – dominant; dass aber schon Chrétien selbst eine solche Assoziation beabsichtigte, ist alles andere als klar. Die Bearbeitungen der Gralsszene im *Parzival* des Wolfram von Eschenbach und im mittelkymrischen (walisischen) *Peredur*, die beide schon im frühen 13. Jahrhundert und damit sehr bald nach dem *Perceval* entstanden, zeigen, dass in der Frühzeit des hochmittelalterlichen Gralsmythos die Gleichsetzung von Gral und Abendmahlskelch keineswegs selbstverständlich war; auf beide Texte wird noch zurückzukommen sein. Auch Chrétiens eigene Schilderung legt zunächst eine solche Gleichsetzung nicht nahe. Der Gral wird nicht eingeführt als «*der* Gral», sondern als «*ein* Gral»; er war also nicht ein ganz spezifischer Gegenstand, sondern nur ein besonderes Exemplar einer bestimmten Art von Gefäß. Wie im Rahmen der Zusammenfassung des *Perceval* bereits erwähnt, wurde der *graal* – abgeleitet von spätlateinisch *gradalis* – wohl als eine Art Servierplatte oder Servierschale verstanden. Chrétien scheint also an ein Behältnis für feste Speisen gedacht zu haben und nicht an eines für Getränke. Dazu passt es, wenn später der Eremit Perceval erklärt, dass der Gral eine Hostie für den Vater des Fischerkönigs enthält – also den Leib Christi und nicht, wie der Abendmahlskelch, das Blut Christi. Für sich genommen suggeriert Chrétiens Text, dass man sich den Gral nicht als einen Messkelch, sondern eher als eine Art besonderer Patene vorzustellen hat. Der Gral bei Chrétien hat damit zwar schon christlich-religiöse Symbolkraft, aber wohl noch nicht den spezifischen Symbolismus, mit dem er sich in den folgenden Jahrzehnten verbinden sollte.

Ebenfalls symbolisch-assoziativ aufgeladen ist die blutende

Lanze der Gralsprozession, nach der sich Gawain auf die Suche begibt. Mit der Abfassungszeit von Chrétiens *Perceval* befinden wir uns mitten in der Zeit der Kreuzzüge. Chrétiens Mäzen und Auftraggeber des *Perceval*, Graf Philipp von Flandern, nahm selbst am Dritten Kreuzzug teil und starb am 1. Juli 1191 bei der Belagerung von Akkon in Palästina. In diesem Zeitkontext muss die blutende Lanze unvermeidlich die Heilige Lanze evoziert haben, die während des Ersten Kreuzzugs im Jahre 1098 in Antiochia «gefunden» wurde. In diesem Jahr war das Kreuzfahrerheer nur wenige Tage nach der Eroberung der Stadt seinerseits von einem muslimischen Entsatzheer in Antiochia eingeschlossen worden; der «Fund» kam zu diesem Zeitpunkt ungemein gelegen, da die Kreuzfahrer ausgehungert und von Seuchen geschwächt waren und die Präsenz der Lanze im Angesicht einer ausgeruhten muslimischen Übermacht die Moral der christlichen Truppen stärken konnte. Tatsächlich brachte der Lanzenfund militärischen Erfolg, da es den Kreuzfahrern gegen jede Wahrscheinlichkeit gelang, das muslimische Entsatzheer zu besiegen.

Die Heilige Lanze wurde mit der Waffe gleichgesetzt, mit welcher der römische Zenturio Longinus dem apokryphen Nikodemusevangelium zufolge die Seite des gekreuzigten Jesus durchbohrt haben soll; nach der Darstellung dieses Evangeliums war Longinus blind, aber als er Jesus mit seiner Lanze durchstach, floss ihm das Blut des Heilands über seine Hände, wodurch er sein Augenlicht wiedererlangte. Zum Zeitpunkt der Auffindung der Heiligen Lanze von Antiochia existierte bereits eine andere Heilige Lanze in der Reliquiensammlung der Hagia Sophia in Byzanz, so dass der Fund von Antiochia nie allgemein als genuin anerkannt wurde; die Episode trug jedoch viel dazu bei, die Popularität des Motivs der Longinuslanze zu steigern. Mit Blick auf Chrétiens *Perceval* fällt insbesondere auf, dass in diesem ersten Gralsroman niemand spezifisch nach dem Gral sucht: Gawain zieht aus, um die blutende Lanze zu finden, und Percevals Versagen besteht darin, nicht nach der Bedeutung der Trias von Lanze, Gral und Silberplatte gefragt zu haben. Nachdem ihm bewusst geworden ist, was er durch sein Schweigen angerichtet hat, zieht Perceval entsprechend nicht aus, um den Gral zu finden, sondern um das Rätsel von Gral *und Lanze* zu lösen. Würde der Titel des *Perceval ou Le Conte du Graal* sich nicht ausdrücklich auf den Gral beziehen, dann hätte man den Eindruck, dass die Lanze für den Roman insgesamt wichtiger ist als der Gral.

Der Gral als keltischer Mythos?

Kann man den Gral und die Gralslanze bei Chrétien christlich als Patene und Longinuslanze lesen, so ist doch auch immer wieder vermutet worden, dass gerade der Gral seine Wurzeln in keltischen Mythen hat. In der Forschung wird diese Frage seit über einem Jahrhundert kontrovers diskutiert, ohne dass bis heute ein Konsens erreicht worden wäre. Der Stoff ist suggestiv und scheint in verschiedener Hinsicht keltisch-mythologische Anknüpfungen nahezulegen; aber wirklich schlüssige Beweis- oder auch nur Indizienketten lassen sich aus dem in jeder Hinsicht fragmentarischen Material nicht aufbauen. Wenn der folgende Abschnitt dieses Buchs relativ ausführlich auf die Frage der keltischen Wurzeln des Grals eingeht, dann nicht zu dem Zweck, um in die eine oder andere Richtung eine klare Entscheidung nahezulegen, sondern nur, um nachvollziehbar zu machen, warum die Frage nach diesen mythischen Wurzeln immer wieder aufgeworfen wird, ohne doch je wirklich entschieden werden zu können. Zudem ist diese Frage von zentraler Bedeutung für einen wichtigen Teil der modernen Rezeption des Grals, die im Zentrum von Kapitel 4 stehen wird, da der Gral in einem Strang seiner modernen Wahrnehmung primär als vorchristliches religiöses Symbol gedeutet wird.

Wenn man fragt, ob der Gral in einer keltischen Mythologie verwurzelt ist, dann ist zunächst zu klären, was mit den Begriffen «Kelten» und «Mythos» eigentlich gemeint ist; denn weder der eine noch der andere Terminus ist so klar, wie man das zunächst meinen könnte. Der Begriff «Kelten» stammt ursprünglich aus der antiken griechischen und römischen Ethnographie (griechisch Κελτοί, lateinisch *Celtae*). Von den Schriftstellern der Antike wurde er in einer zumeist relativ undifferenzierten Weise vor allem für Völker West- und Mitteleuropas nördlich der Alpen verwendet; zugleich bezeichnete er einige Völker, die im Lauf der Antike nach Norditalien, auf den Balkan und sogar nach Kleinasien einwanderten, sowie einen Teil der Bewohner der Iberischen Halbinsel. Heute wird vor allem Irland als die keltische Nation par excellence wahrgenommen; in der Antike, als die Bezeichnung «Kelten» geprägt wurde, wurde jedoch gerade Irland nie in diese Kategorie eingeordnet. Als «keltisch» wird Irland erst seit dem 18. Jahrhundert bezeichnet. Dies hängt mit einem grundlegenden Wandel des Keltenbegriffs vor allem in denjenigen wissenschaftlichen Disziplinen zusammen, die sich mit Texten und allgemein mit sprachlichen Zeugnissen befassen: Im Zuge der Entwicklung der modernen historischen Sprachwissenschaft setzte sich seit dem 18. Jahrhundert eine Definition durch, die «keltisch» als «eine keltische Sprache sprechend» bestimmte. Dem liegt zugrunde, dass antike und moderne Sprachen wie das Keltiberische auf der Iberischen Halbinsel, das Gallische im vorrömischen Frankreich sowie das Kymrische (Walisische), das Kornische und das Gälische in Irland und Schottland eng miteinander verwandt sind und die keltische Gruppe der indogermanischen Sprachen bilden. Irland ist «keltisch» also nicht deswegen, weil die ursprünglichen Schöpfer des Begriffs «Kelten» es als keltisch betrachteten, sondern weil dort eine keltische Sprache gesprochen wird. Dies ist für die Geschichte des Grals deshalb wichtig, weil wesentliche Argumente für «keltische» Wurzeln des Gralsmythos aus der mittelalterlichen Literatur Irlands gezogen werden. Da die «Kelten» aber primär eine *Sprachgruppe* sind – und eben nicht eine Kulturgruppe –, bedeutet dies, dass eventuelle «keltische» Wurzeln des Grals, die sich aus irischen Zeugnissen ergeben mögen, nicht implizieren, dass der Gralsmythos bis in die Antike oder die Eisenzeit zurückreicht oder Parallelen bei den Kelten des europäischen Kontinents hatte; denn die «Kelten» bildeten keine geschlossene, homogene Kultur, sondern waren Gruppen von Menschen, deren Sprachen eng miteinander verwandt waren. Jenseits der sprachlichen Gemeinsamkeiten bestanden zwischen den einzelnen keltischen Gruppen gewaltige Unterschiede. Immerhin sind das Gälische, das Kymrische (Walisische) und das Bretonische (das durch frühmittelalterliche Einwanderer von Großbritannien in die Bretagne gebracht wurde) einander besonders ähnlich; diese bilden zusammen mit einigen kleineren und heute ausgestorbenen Sprachen die sogenannte inselkeltische Gruppe von Sprachen. Sprachgeschichtlich stellen sie eng miteinander verbundene Zweige des keltischen Stammbaums dar, und hier mögen tatsächlich auch starke kulturelle Verbindungen bestanden haben. Typischerweise ist für kulturelle Parallelen zwischen Irland und Wales jedoch oftmals nicht zu sagen, ob sie ein Erbe aus einer gemeinsamen inselkeltischen Vorzeit oder das Ergebnis der stets engen Kontakte zwischen diesen Völkern sind. Wenn also die walisische und die irische Literatur Hinweise geben mögen auf «keltische» Wurzeln des Grals, dann heißt dies nicht mehr, als dass der Gralsmythos Motive verwendet, die in den Erzählkulturen Irlands und Großbritanniens schon eine geraume Zeit etabliert gewesen sein dürften. Es heißt aber in keinem Fall, dass die Wurzeln des Gralsmythos deshalb tief in die Vorgeschichte zurückreichen müssen. Selbst ein «keltischer» Gral könnte erst im Frühmittelalter in Irland oder Wales entstanden sein.

Entsprechend ist auch der Begriff des «Mythos» im inselkeltischen Bereich potentiell irreführend. Beim Wort «Mythos» mag man rasch an vorchristliche Göttererzählungen denken. Tatsächlich enthalten die mittelalterlichen Literaturen von Irland und (in deutlich geringerem Maße) Wales vielerlei Figuren, die einmal Wesen einer vorchristlichen Glaubenswelt gewesen sein mögen. Keine dieser Geschichten stammt in ihrer heute vorliegenden Form jedoch wirklich aus der vorchristlichen Zeit. Vielmehr wurde die gesamte erhaltene Literatur der Britischen Inseln erst lange nach der Konversion zum Christentum geschaffen. Dies gilt auch für Irland, das oft als Kronzeuge für eine «keltische» Mythologie zitiert wird: Irland wurde bereits im 5. Jahrhundert christlich, aber Erzählungen mit Inhalten, die vorchristlich anmuten könnten, wurden erst ab dem 7. oder 8. Jahrhundert aufgezeichnet, lange nach der Bekehrung der

Insel. Gerade die ältesten dieser Texte sind zudem sämtlich in den Skriptorien irischer Klöster entstanden: Die gesamte frühe irische Literatur ist monastische Literatur. In einem solchen Kontext kann «Mythos» im Sinne von «vorchristliche Göttergeschichte» bestenfalls bedeuten: eine freie, durch ein christliches Prisma gebrochene Bearbeitung eines Themas mit potentiell vorchristlichen Wurzeln. Die Natur der irischen christlichen Literatur macht es letztlich unmöglich, genuin vorchristliche Mythologie sicher zu rekonstruieren. Dasselbe gilt entsprechend für die Frage nach eventuellen «mythischen» Wurzeln des Grals. Diese Frage ist nicht illegitim, aber sie muss sich dessen bewusst sein, dass sämtliche Rekonstruktionen solcher Wurzeln auf monastischen Texten basieren, die selbst erst lange nach dem Ende einer lebendigen paganen Religion verfasst wurden.

Schon die Artusliteratur selbst stellt den Gral in einen inselkeltischen Kontext. Die Figur des Königs Artus ist nicht nationalitätenlos, sondern Artus ist ein legendenhafter König Britanniens, und Perceval, der Held des ersten und zentralen Gralsromans, ist ausdrücklich ein Waliser. Insofern wäre es zunächst naheliegend, nach keltischen Wurzeln des Grals in erster Instanz in Wales zu suchen. Das Problem einer solchen Suche ist jedoch, dass aus Wales nur relativ wenig frühe Literatur überliefert ist. Wales besaß zwar mit Sicherheit eine ungemein reiche Tradition des Geschichtenerzählens, aber diese wurden primär mündlich weitergegeben. Zu einer schriftlichen Aufzeichnung, die die mittelalterlichen Erzählungen der Waliser für die Nachwelt bewahrt hätte, kam es erst viel später und selbst dann in einem deutlich geringeren Umfang als etwa in Irland. Dennoch gibt es auch aus Wales eine Handvoll relevanter Zeugnisse.

Von diesen ist *Peredur* am eindeutigsten mit der Gralssage verknüpft, eine der elf Erzählungen, die unter dem Namen «Mabinogion» zusammengefasst werden. *Peredur* ist eine mittelkymrische Bearbeitung von Chrétiens *Perceval*; insofern ist *Peredur* weder unabhängig vom ersten altfranzösischen Gralsroman noch älter als dieser. Allerdings handelt es sich dabei nicht um eine einfache Übersetzung: Der Autor des *Peredur* ging mit seiner Vorlage ausgesprochen frei um, veränderte vieles und nahm nach eigenem Gutdünken Einschübe vor. Insgesamt tritt die Gralsgeschichte in dieser Bearbeitung im Vergleich zu Chrétiens Fassung weit in den Hintergrund, aber auch im *Peredur* sieht der namensgebende Held der Erzählung die Gralsprozession; in der walisischen Fassung besteht diese aus der blutenden Lanze (aus der nicht nur einzelne Blutstropfen fließen wie bei Chrétien, sondern ganze Ströme von Blut) und aus einem großen Tablett, das von zwei Mädchen getragen wird. Wichtig ist, dass sich auf diesem Tablett im *Peredur* keine Hostie befindet, sondern ein abgetrennter Kopf inmitten einer Blutlache. Offenbar war zumindest in Wales, das Chrétien als das Heimatland des Gralsstoffes darstellt, keineswegs für jedermann klar, dass es sich beim Gral um ein christliches Symbol handelt, das mit dem Tod Jesu Christi assoziiert ist.

Deutlich älter, wohl schon um 1100 entstanden, ist *Culhwch ac Olwen* («Culhwch und Olwen»), ebenfalls eine Erzählung aus dem Mabinogion. Diese Geschichte berichtet davon, wie der Held Culhwch um die Hand von Olwen wirbt. Als Bedingung für eine Heirat werden Culhwch von Olwens Vater vierzig Aufgaben auferlegt. Diese Aufgaben, von denen viele eine anderweltlich-übernatürliche Komponente haben, übersteigen Culhwchs Kräfte; daher wendet er sich an König Artus. Dieser gewährt ihm Hilfe, und zusammen mit seinen Kriegern vermag er, all die geforderten Taten zu vollbringen, damit Culhwch seine Braut heimführen kann. Der Gral als solcher wird dabei nicht erwähnt. Unter den Aufgaben, die Culhwch gestellt sind, findet sich jedoch die Beschaffung einer Reihe von Gefäßen für Speisen und Getränke: das wertvolle Trinkgefäß des Llwyr; der Korb des Gwyddnau Garan Hir, der die ganze Welt mit dem Essen versorgen könnte, das ein jeder gerade essen möchte, und aus dem Olwens Vater in der Hochzeitsnacht speisen will; das Horn des Gwlgawd Gododdin, das die Hochzeitsgesellschaft mit Trank versorgen soll; der Kessel des Diwrnach des Iren, in dem das Fleisch für das Hochzeitsfest gekocht werden soll. Eine detaillierte Beschreibung gibt der Text vom Raub von Diwrnachs

Kessel, für den Artus mit einem kleinen Teil seiner Männer mit seinem Schiff Prydwen nach Irland übersetzt. Motivisch am interessantesten sind jedoch der Korb des Gwyddnau Garan Hir und das Horn des Gwlgawd Gododdin; denn zumindest diese beiden Gefäße scheinen die übernatürliche Eigenschaft zu haben, eine Festgesellschaft von sich aus, wie Füllhörner, mit einer unbegrenzten Menge an Speise und Trank versorgen zu können. Dies erinnert daran, dass auch der Gral bei Chrétien als ein Gefäß beschrieben wird, das dazu dient, einen König mit Speise zu versorgen: Die Frage, die Chrétiens Perceval in der Burg des Fischerkönigs hätte stellen sollen, wäre gewesen, wer aus dem Gral bedient wird, und der Eremit erläutert Perceval später, dass der Vater des Fischerkönigs sich seit zwölf Jahren von nichts anderem ernährt als der Hostie, die ihm aus dem Gral gereicht wird. Auch der Gral ist also ein Füllhorn, dessen hauptsächliche Eigenschaft darin besteht, auf übernatürliche Weise Nahrung hervorzubringen, die nicht zur Neige geht; für die stets von Hunger bedrohte Mangelgesellschaft des Mittelalters mag gerade dieser Zug wesentlich zur Faszinationskraft des Grals beigetragen haben (während er für seine moderne Rezeption in der Überflussgesellschaft der Gegenwart und jüngeren Vergangenheit, auf die die zweite Hälfte dieses Buchs eingehen wird, praktisch keine Rolle spielt). Wie dem auch sei, sowohl in *Culhwch ac Olwen* als auch in der späteren Gralsliteratur begeben sich Artus und seine Krieger somit auf die Suche nach anderweltlichen bzw. christlich-heiligen Quellen unerschöpflicher, übernatürlicher Nahrung. Der hauptsächliche Unterschied zwischen der Suche der Artusritter in der französischen Gralssage und der Suche von Artus und seinen Kriegern in Wales ist, dass die Speise, die das Gefäß spendet, in der altfranzösischen Fassung zur Hostie christianisiert ist und der Erfolg der Suche zugleich weniger von kriegerischen Fähigkeiten als von christlicher Sündenlosigkeit abhängig zu sein scheint. Zwar wird keines der Gefäße, nach denen sich Artus und seine Krieger in *Culhwch ac Olwen* auf die Suche begeben, als «Gral» bezeichnet; aber dies ist an sich kein signifikanter Unterschied zwischen dem altfranzösischen Versroman Chrétiens und der walisischen

Erzählung, denn bei Chrétien ist «Gral» noch kein Eigenname, sondern nur ein Allgemeinbegriff für einen Typ von Tischgeschirr: Chrétien spricht – wie bereits erwähnt – noch nicht von «dem Gral», sondern von «einem Gral» im Sinne einer Servierplatte oder flachen Schale.

In eine ähnliche Richtung deutet *Preiddeu Annwn* («Die Beute der Anderwelt»); dabei handelt es sich um ein kymrisches Gedicht, dessen Datierung umstritten ist und zwischen der Mitte des 9. und der Mitte des 12. Jahrhunderts angesetzt wird. Dieses Gedicht behandelt einen Raubzug, den König Artus und seine Krieger auf Artus' Schiff Prydwen in die Anderwelt unternehmen, um dort einen außergewöhnlichen Kessel zu erbeuten; von dieser verlustreichen Fahrt kehren nur sieben Männer wieder heim. Der Kessel, um den es dabei geht, hat einen blauen (emaillierten?), mit Perlen besetzten Rand, wird vom Atem von neun Mädchen erhitzt und kocht keine Speisen für einen Feigling. Dieser Raubzug zeigt auffallende Ähnlichkeiten zur Schilderung des Raubs von Diwrnachs Kessel in *Culhwch ac Olwen*: In beiden Fällen ziehen Artus und seine Männer mit dem Schiff Prydwen los, um ein außergewöhnliches Kochgefäß zu erbeuten. Im Fall des Kesselraubs von *Preiddeu Annwn* handelt es sich explizit um «Beute der Anderwelt». In *Culhwch ac Olwen* wird der Kessel des Diwrnach zwar nicht ausdrücklich als anderweltlich bezeichnet, aber dass er Seite an Seite mit dem essensspendenden Korb des Gwyddnau Garan Hir und dem (Füll-)Horn des Gwlgawd Gododdin genannt wird, legt zusammen mit den Parallelen zu *Preiddeu Annwn* nahe, dass auch dieser Kessel anderweltlicher Herkunft ist. Dazu passt ebenso, dass Diwrnach der Ire in einem anderen walisischen Text als ein Riese beschrieben wird. In Hinblick auf die Frage nach eventuellen inselkeltischen Wurzeln der Gralslegende ist dies von Bedeutung, weil es nochmals unterstreicht, dass der Hof des Königs Artus schon in der volkssprachlichen walisischen Erzähltradition mit dem Motiv einer Suche nach einem anderweltlichen, nahrungsspendenden Gefäß verbunden war. Der bunte, perlenbesetzte Kessel von *Preiddeu Annwn* erinnert dabei auch in seiner kostbaren Pracht an den edelsteinbesetzten goldenen Gral Chrétiens, und dass er von neun Mädchen angeheizt wird, findet sein Gegenstück darin, dass Chrétiens Gral von einem schönen Mädchen getragen wird. Letzteres ist gerade auch deswegen auffallend, weil Chrétien seinen Gral wie eine Patene und damit wie ein Gerät aus der Liturgie beschreibt: In einer Zeit, in der das Abhalten einer Heiligen Messe ein rein männliches Privileg war, ist dies erklärungsbedürftig. Vielleicht liegt die Ursache dieses eigentümlichen Zuges darin, dass Chrétien hier ein Detail seiner Vorlage beibehält, das seinerseits vor dem Hintergrund walisischer Anderweltsgefäße zu sehen ist?

Der Kessel, den Artus in *Culhwch ac Olwen* erbeutet, ist ausdrücklich der Besitz eines Iren und wird von Artus und seinen Männern aus Irland geraubt. Das Motiv unerschöpflicher anderweltlicher Nahrung erscheint auch in der mittelalterlichen Literatur dieser anderen Insel. Eines der ältesten einschlägigen Zeugnisse ist die altirische Erzählung *De Gabáil in t-Ṡída* («Über die Inbesitznahme des Elfenhügels»); dieser Text wurde spätestens im 9. Jahrhundert verfasst und ist damit früh genug entstanden, dass die in ihm belegten Vorstellungen grundsätzlich in die Artusliteratur Eingang gefunden haben könnten. In Irland wurde die Anderwelt, oder vielmehr eine Vielzahl von Anderwelten, an ganz unterschiedlichen Orten in der Landschaft lokalisiert: manchmal jenseits des Meeres, vor allem aber unter der Wasseroberfläche von Binnengewässern und im Inneren von Hügeln. «Elfenhügel» konnten natürliche Hügel sein, insbesondere wurden aber vorgeschichtliche Grabhügel als Orte der Anderwelt angesehen. Die Geschichte von der Inbesitznahme des Elfenhügels erzählt nun, wie der Anderweltsfürst Mac Óc den Dagda, der wohl auf eine Gottheit der vorchristlichen Mythologie Irlands zurückgeht, durch einen Trick dazu bringt, ihm seinen «Elfenhügel» abzutreten. Dabei verliert der Dagda auch die Wunder, die sich in dem Hügel befinden: drei Bäume, die stets Frucht tragen; ein ewig lebendes und ein gebratenes Schwein; und ein Gefäß voll mit einem einzigartigen Trank (worum es sich dabei genau handelt, wird aber nicht verraten). Wichtig ist, dass all diese Quellen von übernatürlicher Nahrung die Eigenschaft haben, nie zur Neige zu gehen.

In *Von der Inbesitznahme des Elfenhügels* erscheint das Motiv des anderweltlichen Nahrungsüberflusses zum einen in Form eines trankspendenden Behältnisses, zum anderen in der Form «feststofflicher» Speisen: Baumobst und Schweine. Gerade Schweine von dieser Art werden in mehreren Texten der mittelalterlichen irischen Literatur erwähnt: Dort ist es beinahe ein Gemeinplatz, dass der Hof eines anderweltlichen Fürsten über ein Schwein verfügt, das man schlachten, kochen und essen kann, das aber am nächsten Tag schon wieder bereitsteht, um in einem unerschöpflichen Zyklus erneut geschlachtet, gekocht und gegessen zu werden. Erneut mit einem Kessel ist dieses Motiv in Irland in der Erzählung *Echtra Cormaic maic Airt* («Das Anderweltabenteuer des Cormac Sohn von Art») verbunden. Eine Fassung dieser Geschichte des 12. Jahrhunderts erzählt, wie die Frau und die Kinder von Cormac mac Airt, dem König von Irland, in die Anderwelt entrückt werden. Um sie wieder zurückzuholen, dringt Cormac selbst durch einen Nebel in die Anderwelt ein. Dort stößt er auf eine große Festung mit einem Wall aus Bronze, in der sich ein prächtiger Palast befindet – die Balken dieses Palasts sind aus Bronze, die Wände sind aus Silbergeflecht, und das Dach ist mit den Flügeln weißer Vögel gedeckt. In diesem Schloss wird er von einem wunderschönen Paar willkommen geheißen und gebadet. Am Nachmittag kommt ein Mann in den Palast, der eines der Anderweltsschweine bei sich hat, die jeden Tag gekocht werden können und doch am nächsten Tag wieder heil sind. Dieses Schwein wird in einem Kessel zubereitet, wobei für jedes Viertel des Tieres eine wahre Geschichte erzählt werden muss; erst dann ist das jeweilige Viertel gar. Beim Mahl wird Cormac ein goldener Becher in die Hand gegeben, der auf die wunderbarste Art gearbeitet ist. Dieser Becher hat die Eigenschaft, dass er zerbricht, wenn drei Lügen ausgesprochen werden, aber wieder ganz wird, wenn man drei Wahrheiten über ihn spricht. Zudem erhält Cormac seine Familie zurück. Als er am nächsten Morgen aufwacht, findet er sich auf der Wiese vor seinem Königssitz in Irland wieder; seine Familie und der Becher sind bei ihm, aber der anderweltliche Palast ist verschwunden. Der Becher dient ihm fortan dazu, zwischen Wahrheit und Lüge zu unterscheiden: ein anderweltliches Mittel zur Erprobung von Wahrhaftigkeit, ganz wie der Gral bei Chrétien eine Prüfung darstellt.

Diese Texte aus Irland und Wales illustrieren, dass in beiden inselkeltischen Literaturen Motive geläufig waren, die auffallende Parallelen zu Chrétiens Gral darstellen. Beide Literaturen kennen wundersame Anderweltsgefäße, vor allem Kessel, die unbegrenzte Mengen an Nahrung erzeugen können; und in beiden Literaturen können Könige und ihre Krieger in die Anderwelt eindringen, solche und andere wundersame Gefäße sehen und aus ihnen bewirtet werden oder sie sogar in die Welt der Menschen bringen. Auch das Motiv des Verschwindens der anderweltlichen Burg mag hier relevant sein. Als Perceval am Morgen nach seiner Begegnung mit dem Gral in der Burg des Fischerkönigs aufwacht, trifft er dort niemanden mehr an, reitet aus der Burg hinaus – und als ihm sein Fehler wenig später klargemacht wird, vermag er sie nicht mehr wiederzufinden, obwohl er sich noch gar nicht weit von ihr entfernt haben kann. Dieses Verschwinden der Gralsburg am Morgen nach Percevals Schau des Grals erinnert so sehr an das Verschwinden des Schlosses in *Cormacs Anderweltabenteuer*, dass man sich fragt, ob die enge Übereinstimmung wirklich Zufall ist. Dies gilt umso mehr, als es in der irischen Literatur ein gängiges Motiv ist, dass der Held einer Geschichte nach einer Übernachtung in einem anderweltlichen Haus am nächsten Morgen nicht weit von daheim auf freiem Feld aufwacht. Ebenso wie die Kessel, in denen dasselbe Schwein jeden Tag aufs Neue gesotten werden konnte, war dies ein Standardcharakteristikum anderweltlicher Residenzen. Beide Motive waren so geläufig und übten auch auf nichtirische Zeitgenossen eine solche Faszination aus, dass sie sogar in die nordische Mythologie entlehnt wurden: Auch die *Edda* des isländischen Gelehrten Snorri Sturluson aus dem frühen 13. Jahrhundert enthält einen mit verschiedenen irischen Elementen angereicherten Mythos, in dem der nordische Gott Thor in einer anderweltlichen Burg übernachtet, die verschwindet, als er sie am nächsten Morgen verlässt – genau wie die Gralsburg. Zudem berichtet Snorri von einem Kessel in Walhall, dem Kriegerparadies der nordischen Mythologie, in dem wieder und wieder dasselbe Schwein gekocht werden kann. Die Motive der irischen Anderweltsschilderungen waren in der Welt des nordwesteuropäischen Mittelalters erstaunlich weit bekannt, und die Artusliteratur wäre nicht die einzige Literatur dieser Zeit, die aus diesem Fundus geschöpft hätte.

Die irische Literatur bietet Parallelen zudem nicht nur für den Gral, sondern vielleicht auch für die Gralslanze. In Chrétiens *Perceval* erscheint diese Lanze zum ersten Mal in der Gralsprozession in der Burg des Fischerkönigs, wo sie vor dem Gral hergetragen wird. Später wird sie (und nicht der Gral) das Ziel von Gawains Suche. Als Gawain auf diese Suche geschickt wird, heißt es von der Gralslanze, dass sie einer Prophezeiung zufolge dereinst das ganze Königreich Logres zerstören werde. «Logres» ist England, das Land König Artus'; der Name, der in der Artusliteratur wiederholt auftaucht, geht wohl auf *Lloegr* zurück, die kymrische Bezeichnung für England. In der irischen Literatur erscheint ein ähnlich exzessiv zerstörerischer Speer in der Erzählung *Togail Bruidne Da Derga* («Die Zerstörung der Festhalle des Da Derga»); dieser Text ist eine Kompilation des 11. Jahrhunderts, die teilweise Textpassagen des 9. Jahrhunderts verarbeitet. Er handelt vom Aufstieg und Fall des irischen Hochkönigs Conaire des Großen. Die Klimax der Erzählung besteht in der langen Schilderung eines nächtlichen Überfalls, den eine Gruppe von Plünderern auf die Halle des Da Derga unternimmt. Beim folgenden Kampf um die Halle findet der König, der in ebendieser Nacht dort zu Gast ist, den Tod. Vor ihrem Angriff schicken die Plünderer einen Späher aus, der einen genauen Blick auf die in der Halle versammelten Krieger werfen soll. In einer der Kammern, unmittelbar neben derjenigen des Königs, sieht der Späher einen schon ergrauenden, aber immer noch starken Krieger namens Dubthach, «Käfer der Männer von Ulster». In seiner Hand hält er eine lange Lanze mit fünfzig Nieten, deren Schaft so mächtig ist, dass er sogar für ein Pfluggespann eine gute Last wäre. Er schwingt sie auf schreckenerregende Weise, taucht sie aber regelmäßig in einen Kessel, der vor ihm steht und mit einer grauenhaften, dunklen Flüssigkeit gefüllt ist; jedes Mal, wenn er sie zu spät eintaucht, fängt ihre Spitze zu brennen an, als wäre ein Feuerdrache im Haus. Als der Späher im Lager hierüber Bericht erstattet, weiß einer seiner Kameraden, dass der Kessel mit Gift gefüllt ist und dass allein das Untertauchen in diesem Gift vor einem Kampf die Lanze davon abhält, sich zu entzünden und ihren Träger oder den Herrn der Königshalle zu durchbohren. Wenn dieser Speer als Waffe verwendet wird, tötet er mit jedem Stoß einen Mann, selbst wenn er ihn nicht berührt, und jeder Wurf tötet neun Männer, von denen einer ein König oder Edelmann ist. Wie die Gralslanze ist also auch die Lanze des königlichen Vorkämpfers eine Waffe von ungemeiner zerstörerischer Kraft, die sich nicht immer nur gegen die Feinde des Landes wenden muss. Falls eine Geschichte wie die von Dubthach und seiner Lanze in die Gralslegende Eingang gefunden hat, könnte man sich sogar fragen, ob nicht auf einer gewissen Ebene ihre Verbindung von Lanze und Kessel in der Kombination von Gralslanze und Gralsschale einen Reflex findet.

Der übernatürliche Speer in der *Zerstörung der Festhalle des Da Derga* ist auch deshalb interessant, weil noch eine weitere eigentümliche Szene in Chrétiens *Perceval* ebendiesen irischen Text evozieren könnte. Drei Tage nachdem Perceval nach seinem Versagen in der Burg des Fischerkönigs wieder an den Hof von König Artus in Carlion zurückgekehrt ist, kommt dort ein Mädchen von grauenerregender Hässlichkeit angeritten: Sie hat einen Buckel, pechschwarze Hände und einen ebensolchen Nacken, ihre Augen sind nicht mehr als zwei Löcher und so klein wie die einer Ratte, sie hat eine Tiernase, Tierlippen, gelbe Zähne, einen Bart, krumme Gliedmaßen und eine deformierte Brust. Chrétien bezieht sich ausdrücklich auf seine «Quelle» – das ihm von Philipp von Flandern übergebene Buch – und betont, dass dieser Quelle zufolge selbst in der Hölle kein so hässliches Wesen zu finden sei. Diese Frauengestalt reitet zu Artus' versammelten Rittern, hält Perceval sein Versagen in der Gralsburg und die daraus resultierende Verödung des Landes vor und erzählt den anderen Männern von Orten und Gelegenheiten, wo sie sich durch große Rittertaten bewähren könnten. Dann reitet sie davon. Die Folgen dieses Auftritts für den Hof sind verheerend: Perceval, Gawain und Dutzende anderer Ritter springen sofort auf und geloben loszuziehen, um entweder ihr früheres Versagen wiedergutzumachen oder um Wunder und Abenteuer zu erleben. Damit zerstreut sich die Schar der Artusritter in alle Winde.

In der *Zerstörung der Festhalle des Da Derga* findet diese Szene eine Parallele im Auftritt einer ähnlich missgebildeten Frauengestalt. Conaire der Große unterliegt einer Reihe von Verboten, die zu brechen seinen Untergang einleiten wird. In einer Kette unglücklicher Ereignisse hat er schon gegen die meisten dieser Verbote verstoßen, als am Vorabend seines Untergangs auch noch eine einzelne Frauengestalt an der Pforte von Da Dergas Festhalle erscheint – obwohl es Conaire verboten ist, nach Sonnenuntergang eine einzelne Person in seiner Halle aufzunehmen. Diese Frauengestalt hat Schienbeine so lang wie Webbalken und so schwarz wie ein Käfer, ihr Schamhaar reicht ihr bis zu den Knien, und ihre Lippen sind nicht dort, wo sie sein sollten, sondern an der Seite ihres Kopfes. Die in der Halle versammelten Krieger erkennen sie als Seherin, und was sie prophezeit, ist der Tod des Königs. Danach wendet sie sein eigenes Ehrgefühl gegen Conaire und zwingt ihn damit, ein weiteres der Verbote zu verletzen, deren Übertretung noch in derselben Nacht sein Ende herbeiführen wird. Ihr Erscheinen hinterlässt bei der Kriegerschar ein Gefühl des Grauens; dieses weist voraus auf den Überfall, der sich bald darauf ereignet und bei dem der König stirbt. Hier wie in Chrétiens *Perceval* dient der Auftritt einer missgestalteten Unheilsbotin von unglaublicher Hässlichkeit somit dazu, den Zerfall der Gemeinschaft der Krieger des Königs sowohl anzukündigen als auch aktiv mit herbeizuführen. Die Parallele ist insbesondere deshalb interessant, weil die entsprechende Passage des *Perceval* Chrétiens eigener Aussage zufolge auf seiner Quelle beruht und damit einen besonders alten Teil der Gralsgeschichte dargestellt zu haben scheint.

Zusammenfassend lässt sich somit sagen, dass der Gral, wie ihn Chrétien im ersten erhaltenen Gralsroman beschreibt, auffallende Parallelen sowohl in der walisischen als auch in der irischen Literatur findet: Beide Literaturen kennen das Motiv, dass ein menschlicher Held oder König in die Anderwelt eindringt und dort ein Gefäß raubt oder aus einem Gefäß bewirtet wird, das wie ein Füllhorn unbegrenzt Nahrung zur Verfügung stellt. Das Verschwinden der Gralsburg am Morgen nach Percevals Schau des Grals findet in Irland ein Gegenstück darin, dass der Besucher, der die Nacht in der anderweltlichen Königshalle verbringt, am folgenden Morgen auf freiem Feld aufwacht, während die Anderweltshalle verschwunden ist. Sowohl das zerstörerische Potential der Gralslanze als auch die missgestaltete Frau, die Unheil verkündet und gleichzeitig selbst dazu beiträgt, das Ende der Gemeinschaft der Krieger bzw. der Ritter am Hof des Königs einzuleiten, finden ein Gegenstück in der Lanze des Dubthach und der hässlichen Unheilsbotin in der *Zerstörung der Festhalle des Da Derga*. Damit existieren Parallelen zu allen wesentlichen Einzelelementen der Darstellung des Grals im *Perceval*.

Die Gralsszene als Ganze hat andererseits in den inselkeltischen Literaturen kein Gegenstück. Zudem ist es oft eine Ermessensfrage, ob man Parallelen als wirklich signifikant betrachten will. Ähnelt etwa die Lanze des Dubthach der Gralslanze wirklich genug, um zwischen beiden eine Verbindung sehen zu können? Dieser Spielraum, der bei der Bewertung von Parallelen wie den hier kurz skizzierten immer existiert, hat zur Folge, dass in der Forschung bis heute kein Konsens darüber besteht, ob, in welchem Maße und in welchem Sinne die Gralslegende Wurzeln in alten inselkeltischen Erzähltraditionen hat. Sind Parallelen wie die hier angesprochenen eng genug, um nahezulegen, dass solche inselkeltische Traditionen die Vorlage für den Gral bildeten? Falls ja, wie genau hängen die irischen und die walisischen Varianten der Motive zusammen? Wurden die Elemente, die später zur Gralssage ausgeformt werden sollten, von Irland (vielleicht sehr spät) nach Wales entlehnt, um von dort in den Artusstoff Eingang zu finden? Oder gehen die irischen und walisischen Varianten auf ein viel älteres, gemeinsames inselkeltisches Substrat zurück, das tief in die vorchristliche Zeit verweist? Waren die ältesten Vorläufer der Gralslegende Geschichten mit eigentlich religiösem Stellenwert, also «Mythen»? Oder waren schon diese Vorläufer die freie Erfindung christlicher Autoren des Frühmittelalters? Über solche Fragen besteht kein Konsens, und das Material, das sämtlich erst aus der Zeit lange nach der Bekehrung von Irland und Wales zum Christentum stammt, lässt letztlich nicht zu, sicher zu entscheiden, ob irgendwo hinter dem Gral des christlichen Mittelalters ein vorchristlicher Mythos steht. Chrétiens Gral hat Züge, die eine Herleitung aus der christlichen Bilderwelt merkwürdig erscheinen lassen. Die zerstörerische Kraft der Gralslanze, die das ganze Reich Logres bedroht, wäre für die Heilige Lanze des Longinus ebenso unangemessen, wie die weiblichen Gralsträgerinnen es für ein liturgisches Instrument der katholischen Messe sind, wenn man den Gral als eine literarisch überhöhte Patene deutet. Diese zumindest scheinbaren Spannungen mögen ein Indiz dafür sein, dass der Gral einer älteren, nicht primär christlichen Bilderwelt entstammt. Doch auch diese Unstimmigkeiten sind zwar suggestiv, aber nicht schlüssig. Wirklich sicher ist nur, dass der Gral nach Chrétien für viele Autoren bald zu einem christlichen Symbol par excellence wurde. Dieser Entwicklung wendet sich das nächste Kapitel zu.

2. Der Gral als christliches Symbol und als Ziel ritterlicher Suche: von Robert de Boron bis zu den großen Gralszyklen

Von der Welt des Mythos ins christliche Glastonbury: Robert de Boron

Der Ursprung des Grals mag im Nebel der vorchristlichen Mythologie der Britischen Inseln verschwinden, und wie genau Chrétien den Gral auffasste, bleibt unklar, da er seinen *Perceval* nie vollendete. Spätestens in den 1190er Jahren jedoch machte der Dichter Robert de Boron den Gral zu einem durch und durch christlichen Symbol. Dies tat er vor allem durch seinen *Joseph d'Arimathie* oder *Joseph von Arimathäa*, einen altfranzösischen Versroman, der seine Wirkung jedoch vor allem durch eine etwas spätere Umarbeitung in Prosa entfaltete. Mit diesem Roman verfasste Robert de Boron geradezu ein neues apokryphes Evangelium; dabei verarbeitete er vor allem Material aus der Bibel und dem apokryphen Nikodemusevangelium.

Roberts grundlegende Neuerung, mit der er fast die gesamte weitere Geschichte des Gralsstoffs prägte, war die Verknüpfung der Gralslegende mit der Passionsgeschichte. Diese Verbindung stellt der *Joseph d'Arimathie* her, indem er eine Handlung entwirft, die sich vor allem in Palästina im Umfeld der Kreuzigung entfaltet, es dann aber schafft, einen Bogen auf die Britischen Inseln zu schlagen:

Joseph von Arimathäa, der Held von Roberts Roman, ist ein Soldat im Dienste des Pontius Pilatus; in seinem Herzen ist er ein Anhänger Christi, aber er hat nicht den Mut, seinen Glauben offen zu zeigen. Nach der Kreuzigung wendet er sich jedoch an seinen Herrn Pontius Pilatus und bittet ihn, als Lohn für seine langjährigen treuen Dienste, um den Leichnam des Gekreuzigten. Pilatus gewährt ihm diesen

Wunsch, und darüber hinaus gibt er ihm das Gefäß, das Jesus während des letzten Abendmahls verwendet hatte: Ein Jude hatte diesen Kelch nach der Gefangennahme Jesu an sich genommen und Pilatus überbracht, der ihn aber nicht behalten will, weil er die Tötung Christi als Unrecht betrachtet. Joseph nimmt den Leichnam Christi mit der Hilfe des Nikodemus vom Kreuz ab, wäscht ihn und benutzt das Abendmahlsgefäß, um das Blut aufzufangen, das noch aus seinen Wunden tropft. Darauf folgen Jesu Begräbnis und Auferstehung. Als nach der Auferstehung der Leichnam Jesu verschwunden ist, beschuldigen die Juden Joseph von Arimathäa, ihn gestohlen zu haben; in einer Nacht-und-Nebel-Aktion nehmen sie Joseph gefangen und werfen ihn in ein Verlies, das sie mit einem großen Stein verschließen. Dort erscheint ihm jedoch Jesus und bringt ihm das Abendmahlsgefäß. Er macht Joseph zum Hüter des Gefäßes und weist ihn an, dass nur er selbst und diejenigen, die Joseph zu diesem Amt berufen wird, Hüter des Abendmahlsgefäßes sein werden; dies dürfen jedoch nie mehr als drei Männer gleichzeitig sein, die das Gefäß im Namen der Heiligen Dreifaltigkeit bewachen sollen. (Ein geradezu exzessiv wiederholtes Bekenntnis zum Glauben an die Dreifaltigkeit von Vater, Sohn und Heiligem Geist ist ein Leitmotiv von Roberts Text; ebenso betont er immer wieder die Autorität der Kirche und die Bedeutung der Taufe mit Wasser. Damit dürfte Robert sich implizit gegen die Bewegung der Katharer aussprechen, die all diese Elemente herkömmlichen katholischen Christentums ablehnte und die zur Abfassungszeit des *Joseph d'Arimathie* in Südfrankreich so sehr an Zulauf gewann, dass Papst Innozenz III. wenig später, im Jahr 1209, zum Albigenserkreuzzug aufrief.) Ferner erläutert Jesus den Symbolismus des Abendmahlssakraments, das fortan stets an den Dienst erinnern werde, den Joseph ihm erwiesen hat. Hier wird nun explizit verdeutlicht, dass das Abendmahlsgefäß in Josephs Händen symbolisch dem Messkelch entspricht, und Robert de Boron verwendet zum ersten Mal ausdrücklich die Bezeichnung «Gral» für den Kelch, den Jesus beim Letzten Abendmahl benutzte und in dem Joseph von Arimathäa sein Blut auffing.

Joseph bleibt nun lange in seinem Verlies eingemauert, wird jedoch durch den Gral am Leben erhalten. In der Zwischenzeit hört man in Rom von den Wunderheilungen, die Jesus vollbracht hatte. Da Vespasian, der Sohn des römischen Kaisers, an Lepra erkrankt ist, schickt der Kaiser Gesandte nach Judäa, um eine Reliquie zu holen, die Vespasian heilen könnte. Dies gelingt: Vespasian wird durch das Schweißtuch der Veronika von seiner Krankheit befreit. Der dankbare Vespasian will nun diejenigen bestrafen, die die Schuld an der Kreuzigung Christi tragen, und reist dazu selbst nach Judäa. Dort straft er die schuldigen Juden und befreit Joseph von Arimathäa aus dem Kerker. Dass dieser trotz seiner langen Einmauerung noch am Leben und wohlauf ist, wird von allen als ein großes Wunder erkannt; Vespasian wird von Joseph in der christlichen Lehre unterwiesen und bekehrt sich zum Christentum.

Nach seiner Befreiung geht Joseph mit seinem Schwager Bron und einer Gruppe bekehrter Juden fort, um in der Fremde eine religiöse Gemeinschaft zu gründen. Ein Teil seiner Begleiter fällt im Lauf der Zeit jedoch wieder in ein sündhaftes Leben zurück; dies führt dazu, dass die Ernten ausfallen und die Gemeinschaft kurz vor dem Hungertod steht. Nun wendet Joseph sich an den Gral, und die Stimme des Heiligen Geistes offenbart ihm, wie er die Sünder in seiner Gemeinschaft entdecken kann: Diese können an einem Tisch, der mit dem Gral gedeckt ist, nicht Platz nehmen, während die Reinen, die an der Gralstafel sitzen können, von einem tiefen Gefühl von Freude und Gnade durchdrungen werden. So kann Joseph die Sünder identifizieren und sie verstoßen. Der Gral erscheint auf diese Weise gleichermaßen mit Nahrung und Wahrheitsfindung assoziiert. Zugleich wird Josephs Gralstisch zu einer Kopie des Abendmahlstischs Jesu: An Josephs Gralstafel bleibt ein Sitz stets leer, der dem Platz entspricht, den Judas an der Tafel des Letzten Abendmahls eingenommen hatte. Ein sündhafter Gefährte Josephs, der sich zu Unrecht einen Platz an der Gralstafel anmaßt und Josephs Warnung zum Trotz auf dem leeren Judas-Sitz Platz nimmt, wird sofort von einem unermesslichen Abgrund verschlungen.

Bis hierhin hat der Gral sich durchgehend in Judäa befunden; doch Chrétiens *Perceval* lokalisiert die Gralssage in Wales. Im *Joseph d'Arimathie* schafft Robert de Boron auch hierfür einen Rahmen, indem er erklärt, wie der Gral schließlich von Judäa nach Großbritannien gelangt. Denn als Joseph den Gral fragt, wie die Zukunft der Söhne seines Schwagers Bron aussehen soll, offenbart ihm ein Engel, welcher dieser jungen Männer – Alain li Gros – der Führer seiner Familie sein wird; diesen nimmt Joseph an Sohnes statt an, weiht ihn in die Geschichte des Grals und die Geheimnisse des Glaubens ein und schickt ihn auf Geheiß des Engels zusammen mit seinen Geschwistern und ihren Familien in den fernsten Westen, wo er die christliche Lehre verkündet. Ferner weist eine himmlische Stimme Joseph an, einen weiteren seiner Gefährten, einen gewissen Petrus, mit einem Brief, der in einem himmlischen Licht plötzlich erscheint, dorthin gehen zu lassen, wohin er will – und das werden «die Täler von Avalon» im Westen sein. Dort soll er auf Alains Sohn warten, der den Brief für ihn lesen und ihm die Macht des Grals erläutern wird. Bis dahin wird Petrus nicht sterben können, danach wird er dahinscheiden und in den Himmel kommen. Den Gral aber gibt Joseph auf Weisung eines Boten Gottes an Bron weiter, der für Joseph Fisch gefangen hatte und daher der «Fischerkönig» genannt werden wird; und auch Bron wird seinem Herzen nach Westen folgen. Damit wandern drei Angehörige der Gralsfamilie, die in ihrer Dreiteilung zu einem Symbol der Dreifaltigkeit wird, nach Westen, d. h. nach Großbritannien. Joseph selbst hingegen verbringt seine letzten Tage in Judäa. (Erst eine spätere Form der Legende wird, wie man das im heutigen Glastonbury erzählt, Joseph von Arimathäa selbst nach Großbritannien reisen lassen.)

Roberts *Joseph d'Arimathie* schreibt eine Vorgeschichte des Grals, die den Gral zum ersten Mal als Passionsreliquie in die christliche Heilsgeschichte einordnet; damit schafft er das Rahmenwerk für diejenige Auffassung des Grals, die die Behandlung des Stoffs in den folgenden Jahrhunderten dominieren wird. Zugleich gibt er eine Erklärung dafür, wie diese Reliquie aus Palästina nach Großbritannien gelangt ist: Josephs Familie wurde durch göttlichen Willen zu Hütern des Grals bestellt und brachte ihn in den Westen. Der *Joseph d'Arimathie* überbrückt damit die geographische Distanz zwischen dem Heiligen Land und dem Reich des Königs Artus. Den zeitlichen Abstand zwischen dem Leben Jesu Christi und der Handlungszeit der Artusliteratur überbrückt ein weiterer Text, der gleichfalls Robert de Boron zugeschrieben wird: sein *Merlin*. Die ursprüngliche Versfassung dieses Textes ist nur in einem Fragment erhalten; wirksam war er vor allem durch eine weitverbreitete Prosafassung. Roberts *Merlin* erzählt, weitgehend unter Rückgriff auf das Werk Geoffreys von Monmouth, die frühe Geschichte der Könige Britanniens bis hin zu König Artus. Dieses pseudohistorische Panorama wird aus der Perspektive des Zauberers Merlin entfaltet, den Robert de Boron als einen Erfüllungsgehilfen der göttlichen Vorsehung zeichnet: Sein Merlin war von einem Teufel gezeugt und mit großer Macht und Intelligenz ausgestattet worden, mit der er die Menschheit verführen sollte; aber die Reinheit und der tiefe Glauben seiner Mutter hatten sein teuflisches Erbe getilgt und den Himmel dazu bewogen, Merlin mit einer umfassenden Sehergabe zu segnen, und nun greift er mit Hilfe der ihm sowohl vom Teufel als auch von Gott geschenkten Gaben immer wieder in die Geschichte ein, um den Willen Gottes zur Erfüllung zu bringen. Sein wichtigster Beitrag zum Gralsmythos ist die Etablierung der Tafelrunde. Merlin erzählt Artus' Vater Uther Pendragon vom Gralstisch des Joseph von Arimathäa, auf dem der Gral des Letzten Abendmahls stand und an dem stets ein Platz frei blieb, der demjenigen entsprach, von dem Judas während des Letzten Abendmahls aufgestanden war. Er weist den König an, eine dritte Tafel nach demselben Muster zu gründen, die zusammen mit ihren beiden Vorgängertischen die Heilige Dreifaltigkeit symbolisieren solle. Uther Pendragon stellt darauf in Carduel in Wales einen solchen Tisch auf. Bald ereignet sich das Wunder, dass die Edlen, die an ihm sitzen, ihn nicht mehr verlassen wollen und einander wie Kinder ihre Eltern lieben, selbst wenn sie sich gar nicht kennen. Merlin erläutert ferner, dass der leere Platz an diesem Tisch erst unter der Herrschaft König Artus' besetzt werden wird, wenn sich ein Nachkomme des Alain li Gros, der den Gral selbst gesehen hatte, dort niederlassen wird. So verbindet der *Merlin* den Gral direkt mit der Tafelrunde und setzt ihn damit ins Herz der Erzählwelt um König Artus. Der Text schließt mit der Prophezeiung Merlins, dass nur ein Ritter der Tafelrunde den Gral finden, den Fischerkönig heilen und zum neuen Hüter des Blutes Jesu werden kann; so wird dieser Ritter dann Britannien von seinen Verzauberungen befreien.

Ein weiterer, traditionell ebenfalls Robert de Boron zugeschriebener (aber fast sicher nicht von ihm verfasster und auch nur in einer Prosafassung erhaltener) Text rundet die Sequenz von *Joseph d'Arimathie* und *Merlin* zu einer geschlossenen Trilogie ab: der *Perceval*, auch bekannt als *Didot-Perceval* nach seiner wichtigsten Handschrift. Eine grundlegende Neuerung im Vergleich zu Chrétiens *Perceval* ist in dieser Fassung der Geschichte, dass Perceval keineswegs ohne Vater und ohne Kenntnis des Ritterwesens aufwächst; vielmehr ist dieser neue Perceval der Sohn von Alain li Gros, dem Neffen Josephs von Arimathäa, und von klein auf verspricht Alain seinem Sohn, dass er ihn einst zu Artus bringen werde. Als Alain stirbt, zieht Perceval alleine los. Auch in diesem *Perceval* führt dies zum Tod seiner Mutter, allerdings stirbt sie hier nicht, weil sie seinen Tod als Ritter fürchtet, sondern weil sie besorgt ist, dass die wilden Tiere des Waldes ihn fressen könnten. Dennoch führt Percevals Verhalten auch in diesem Text zur Suche nach dem Gral, wenngleich auf ganz andere Weise als bei Chrétien. Hier kommt Perceval nicht in die Halle des Fischerkönigs und versäumt aufgrund eines falschen Verständnisses höfischer Etikette, die richtige Frage zu stellen, sondern Perceval wird ein geachtetes Mitglied von Artus' Tafelrunde und setzt sich nach einem Turniersieg vermessen auf den leeren Platz an der Runden Tafel. Als Nachfahre Alains und des Fischerkönigs Bron entgeht er dem Schicksal, in einen dunklen Abgrund zu stürzen; aber eine Dunkelheit bricht über das Land herein, der Stein unter dem Tisch zerbirst, und eine Stimme klagt sein Vergehen an. Diese Stimme verkündet König Artus, dass der Gral sich inzwischen in Britannien befinde, und schickt die Ritter der Tafelrunde auf die Suche nach dem Gral und dem Fischerkönig, um die richtigen Fragen zu stellen, dadurch den Fischerkönig zu heilen und Britannien von den Verwünschungen zu befreien, die auf dem Land liegen. So ziehen alle Ritter der Tafelrunde auf die Suche nach dem Gral aus, und Artus' Hof löst sich zeitweilig auf. Die Suche wird von Perceval bald zu einem vorläufigen Abschluss gebracht: Zwei göttliche Boten, die der Heilige Geist aus dem Paradies gesandt hat, weisen ihm den Weg zur Burg des Fischerkönigs. Obwohl die Stimme an Artus' Hof die Ritter der Tafelrunde explizit angewiesen hatte, nach dem Gral und seiner Funktion zu fragen, versäumt Perceval es jedoch auch in dieser Version der Erzählung, die rechten Fragen zu stellen. Chrétiens Narrativ und seine neue christliche Vorgeschichte sind so unbeholfen miteinander verbunden, dass die innere Logik der Erzählung an diesem Punkt zusammenbricht; dies scheint für den mittelalterlichen Bearbeiter jedoch kein Problem dargestellt zu haben. Dass Perceval die Gralsburg am Ende wiederfindet und schließlich auch die richtigen Fragen stellt, ist in dieser Fassung der Geschichte nur dem Eingreifen Merlins zu verdanken. So ist es hier letztlich nicht Rittertum, sondern die gottgegebene Weisheit Merlins, die dazu führt, dass der Fischerkönig geheilt wird. Nach seiner Genesung erläutert er Perceval, dass die blutende Lanze der Gralsprozession die Lanze des Longinus ist und dass es sich beim Gral um das Gefäß handelt, mit dem Joseph von Arimathäa das Blut Christi auffing. Drei Tage später stirbt er, und seine Seele fährt in den Himmel auf. Britannien wird von seinen Verzauberungen befreit, der Stein unter Artus' Runder Tafel wird wieder heil, und Perceval wird der neue Hüter des Grals.

Der *Perceval* von Roberts Gralstrilogie verknüpft Percevals erfolgreichen Abschluss der Suche nach dem Gral zugleich ursächlich mit dem Ende der Welt der Tafelrunde. Durch die Auffindung des Grals und das Stellen der richtigen Fragen ist Britannien von seinen Verzauberungen erlöst – und bietet den Rittern des Artushofs damit keine Herausforderungen und keine Abenteuer mehr. Artus' Ritter wollen nun seinen Hof verlassen und auf der Suche nach neuen Aufgaben in die Ferne ziehen. Um sie bei sich zu halten, verstrickt Artus sich in militärische Unternehmungen auf dem Kontinent. Für die Zeit seiner Abwesenheit bestellt er seinen Neffen Mordred zum Regenten Britanniens; dieser verrät ihn jedoch und krönt sich selbst zum König. In einer letzten Schlacht wird Mordred schließlich getötet und Artus tödlich verwundet. So führt das Ende der Gralssuche indirekt zum Ende des Artusrittertums. Die Trilogie von *Joseph d'Arimathie*, *Merlin* und *Perceval* umfasst damit die gesamte Geschichte der Artuswelt, von ihrem Anfang bis zu ihrem Ende, und lässt diese Geschichte gänzlich um den Gral kreisen. Zugleich etabliert die Trilogie auch formal ein neues Paradigma: das des umfassenden Zyklus, der ein Gesamtportrait der Artuswelt und ihrer Geschichte entwirft. Später werden wir dieser Form mit dem *Lancelot-Graal*, dem *Post-Vulgate-Zyklus* und Sir Thomas Malorys *Le Morte Darthur* wiederbegegnen.

Auch für die geographische Verortung des Grals war Roberts Dichtung wegweisend. Der *Joseph d'Arimathie* erzählt, dass zwei von Josephs Gefährten sich in den «Tälern von Avalon» wiedertreffen. Damit dürfte der Text auf ein Ereignis Bezug nehmen, das sich wohl kurz vor seiner Abfassung abspielte und durch das die mythische Insel Avalon fest auf der Karte des realweltlichen England verortet wurde: die Exhumierung der Gebeine des Königs Artus im südenglischen Ort Glastonbury im Jahr 1191. Die große Abtei von Glastonbury war im Jahr 1184 einem Brand zum Opfer gefallen, der die Abteikirche und eine Reihe anderer Klostergebäude zerstörte. Um den teuren Wiederaufbau zu finanzieren, wurden die Mönche kreativ: Im Jahr 1191 unternahmen sie auf dem Klosterfriedhof eine «archäologische» Ausgrabung, bei der sie die Gebeine des Königs Artus und seiner Frau Guinevere zutage förderten. Diese grotesk anmutende Publicity-Maßnahme des Klosters ist durch eine Reihe zeitgenössischer Quellen ausführlich überliefert und war erstaunlich erfolgreich: Die Abtei wurde nun zu einem Ziel für Artustouristen, die dem Kloster erhebliche Einnahmen einbrachten. Zugleich setzte Glastonbury sich so auf die literarische Landkarte Englands: In der Artusliteratur waren Tod und

Bestattung des Königs Artus eng mit Avalon assoziiert, so dass die «Auffindung» seiner Gebeine in Glastonbury diesen Ort mit Avalon identifizierte. Der *Joseph d'Arimathie* spielt mit seiner Erwähnung der «Täler von Avalon» vermutlich auf diesen zeitgenössischen Coup des Klosters Glastonbury an und verbindet diesen Ort damit zum ersten Mal mit dem Gral. Die Verbindungslinie, die hier gezogen wurde, blieb im Mittelalter ohne größere Auswirkungen auf die Entwicklung der Gralslegende. Ab dem 19. Jahrhundert jedoch hatte sie Folgen: Von hier führte der Weg zu der modernen mythologischen Landschaft, mit der dieses Buch begonnen hat, und zu einer vielfältigen Rezeption, auf die im letzten Kapitel ausführlicher zurückzukommen sein wird.

Die Fortsetzungen von Chrétiens Perceval

Chrétien hinterließ seinen *Perceval* als unabgeschlossenes Fragment. Die Trilogie, die traditionell mit dem Namen des Robert de Boron verbunden ist, antwortet auf diese Situation, indem sie komplett neu ansetzt und die Geschichte in einem großen Bogen von Anfang an neu erzählt. Eine ganz andere Reaktion zeigt sich in den vier «Fortsetzungen» des *Perceval*: Binnen weniger Jahre nach dem Tod Chrétiens versuchte eine Abfolge von Dichtern, das fehlende Ende des *Perceval* in direktem Anschluss an Chrétiens Text nachzutragen, und so entstand im Zeitraum zwischen 1190 und 1230 eine Reihe von Texten, die die 9234 Verse von Chrétiens Gralsgeschichte auf mehr als 63 000 Verse anschwellen ließen, ehe sie die Handlung zu einem Ende brachten.

Die anonyme *Erste Fortsetzung* wurde wohl noch vor dem Jahr 1200 geschrieben, aber nach dem *Joseph d'Arimathie* des Robert de Boron, da sie dessen Herkunftsgeschichte des Grals und der blutenden Lanze bereits übernimmt. Chrétiens *Perceval* bricht mitten in einem Handlungsstrang ab, der die Abenteuer des Gawain erzählt, und die *Erste Fortsetzung* schließt genau hieran an: In (je nach Fassung) fast oder sogar mehr als 20 000 Versen spinnt sie die Geschichte dieses Ritters in einer Reihe teilweise extrem episodenhafter Abenteuer weiter. Chrétiens Versroman wird in seiner Länge damit verdreifacht; dennoch wird die Handlung einem Ende nicht wesentlich näher gebracht, und der Gral fungiert weniger als das wirkliche Ziel der Erzählung denn als ein Vorwand für die Suche nach immer neuen Abenteuern. In deren Verlauf erscheint der Gral nur in zwei kürzeren Episoden. Dabei findet Gawain die Gralsburg, sieht die Prozession und stellt sogar die richtigen Fragen nach der Bedeutung des Grals und der blutenden Lanze. Ehe der Fischerkönig ihm antwortet, unterwirft er Gawain allerdings einer Prüfung: Er muss das zerbrochene Schwert des Fischerkönigs wieder zusammenfügen. Dies gelingt ihm nicht. Darauf erklärt ihm der Fischerkönig, dass er als Ritter noch nicht genug erreicht hat, und Gawain zieht los zu neuen Taten. Der Gral wird so zur bloßen Motivation dafür, einen Episodenroman weiterzuspinnen, der ritterliche Abenteuer als Selbstzweck zelebriert.

Die *Zweite Fortsetzung*, die sich direkt an die erste anschließt und wohl um 1200 von einem ebenfalls anonymen Autor verfasst wurde, wendet sich wieder der Gralssuche Percevals zu. Auch dieser Text mit seinen nochmals fast 13 000 Versen hat jedoch keine Ambitionen, die Geschichte stringent zu einem Ende zu bringen. Wieder reiht sich Rittertat an Rittertat. Zweimal wird Perceval sogar der Weg zur Gralsburg gewiesen – und beide Male schlägt er prompt einen anderen Weg ein, der ihn statt zum Abschluss der Gralsgeschichte zu neuen Abenteuern führt. Erst ganz am Ende erreicht Perceval die Gralsburg. Wie Gawain wird er dort der Prüfung des zerbrochenen Schwertes unterzogen. Auch Perceval scheitert hieran, weil auch er als Ritter noch nicht genug geleistet habe. So ist der Weg frei für eine weitere Fortsetzung und mehr Abenteuer. Das Motto scheint zu sein: Es gibt keinen Grund, warum man das Auffinden eines Grals einer guten Geschichte in den Weg kommen lassen sollte.

Die ersten beiden Fortsetzungen zelebrieren das Vergnügen an phantastischen Abenteuern um ihrer selbst willen. In der nächsten Fortsetzung, derjenigen des Gerbert de Montreuil, ändert sich der Ton der Erzählung drastisch. Sie entstand wohl eine knappe Generation nach den beiden ersten Fortschreibungen, und diese Fortsetzung wird nicht mehr von der Freude an ritterlichen Abenteuern dominiert, sondern von einem ganz anderen Leitthema: dem der Sünde. Der Schlüssel zum Geheimnis des Grals ist nun nicht mehr das Vollbringen ritterlicher Taten, sondern Sündenfreiheit, vor allem in der Form von Keuschheit und insbesondere (auch männlicher) Jungfräulichkeit. Eine der herausragenden Eigenschaften Percevals, die ihn vor anderen Rittern auszeichnen, ist in diesem Text, dass er noch nie sexuellen Umgang mit einer Frau hatte, und überhaupt kommt der Autor immer wieder auf das Thema Sexualität zurück, sei es im Rahmen einer Tirade gegen homosexuelles Verhalten oder einer Episode, die sich gegen vorehelichen Sex ausspricht. Perceval und seine Frau verzichten sogar nach ihrer Trauung darauf, miteinander zu schlafen, da sie um das unwiederbringliche Gut ihrer Jungfräulichkeit und – ihrer Meinung nach damit verbunden – um ihren Platz im Himmel bangen; einen wesentlichen Teil ihrer Hochzeitsnacht verbringen sie auf Knien im Gebet. Auch das Rittertum selbst wird neu gedeutet: Als die wichtigste Aufgabe des Ritters wird nun nicht mehr der Erwerb von Ruhm durch ritterliche Taten, sondern die Verteidigung der Kirche dargestellt. So verwundert es nicht, wenn der Gral in einer Szene dieser Fortsetzung von «Legionen von Engeln» getragen wird. Die Suche nach der Gralsburg hat aus dem Land der Abenteuererzählung in das einer Spiritualität geführt, die an religiösen Wahn grenzt.

Die letzte Fortsetzung wird einem gewissen Manessier zugeschrieben, über den außer seiner Autorschaft dieses Textes nichts bekannt ist. Sie scheint etwa zeitgleich mit und ohne Kenntnis der Fortsetzung Gerberts abgefasst worden zu sein, wohl für Johanna I. von Flandern: eine Enkelin von Marie de Champagne, an deren Hof Chrétien de Troyes sich lange aufgehalten hatte, und eine Nichte von Philipp I. von Flandern, welcher Chrétien das Thema für den ursprünglichen *Perceval* vorgegeben hatte. Manessiers Fortsetzung nimmt den Faden der Handlung an dem Punkt auf, an dem Perceval die Gralsburg wiedergefunden und auf den zweiten Anlauf nun die richtigen

Fragen gestellt hat. Der Fischerkönig gibt Perceval jetzt eine neue und letzte Aufgabe, die er erfüllen müsse, um ihn zu heilen: Der Ritter muss einen gewissen Partinal finden, der den Bruder des Fischerkönigs getötet hat, und an ihm Rache nehmen. Nach vielen Abenteuern meistert Perceval auch diese Aufgabe: Er findet Partinal, enthauptet ihn und bringt dem Fischerkönig den abgeschlagenen Kopf, bei dessen Anblick dieser prompt geheilt wird. Während der Kopf nun auf eine Pike gespießt und auf der Spitze des höchsten Turms der Gralsburg ausgestellt wird, setzt der Fischerkönig Perceval als seinen Erben ein, und der Gral füllt die Tische in der Königshalle für die versammelte Ritterschaft mit den exquisitesten Gerichten. Wenig später stirbt der Fischerkönig, und Perceval wird zum König der Gralsburg gekrönt. Als Perceval selbst alt wird, zieht er sich als Eremit in die Wildnis zurück und lässt sich schließlich sogar zum Priester weihen. Am Tag seines Todes geht er ins Paradies ein, und der Gral, die blutende Lanze und die silberne Servierplatte werden vor aller Augen in den Himmel entrückt. So endet die letzte Fortsetzung von Chrétiens Gralsroman, und wie Manessier am Ende seines Werkes feststellt: Den Gral hat seitdem auf Erden niemand mehr gesehen.

Alternative Gralsbilder: der Gral in Deutschland und Skandinavien

Auch in der deutschen Literatur des Mittelalters wurde der Gral aufgegriffen, so etwa im Ritterroman *Crône* des Heinrich von Türlin (erste Hälfte des 13. Jahrhunderts), der v. a. die Abenteuer Gawains behandelt, oder im *Jüngeren Titurel* (ca. 1260–1272), einem ausufernden und äußerst gelehrten Gralsroman, der von einem gewissen Albrecht verfasst wurde. Die wichtigste deutsche Behandlung des Gralsthemas im Mittelalter dürfte jedoch der *Parzival* des Wolfram von Eschenbach sein. Dieser Roman setzt sich in rund 25 000 mittelhochdeutschen Versen mit dem Stoff auseinander und ist mit mehr als 80 ganz oder fragmentarisch erhaltenen Handschriften eine der am reichsten überlieferten höfischen Erzähldichtungen des deutschen Mittelalters; zudem hatte er eine starke Wirkung auf die deutsche Rezeption des Themas im 19. und 20. Jahrhundert. Über seinen Dichter ist fast nichts bekannt; vermutlich stammte er aus dem Städtchen Wolframs-Eschenbach in Mittelfranken und schrieb seinen *Parzival* in den Jahren zwischen 1200 und 1210. Wolframs Ausgangspunkt war der *Perceval* des Chrétien de Troyes, aber sein *Parzival* ist keine bloße Übersetzung, sondern eine souveräne Neubearbeitung, die Chrétiens Stoff einen ganz eigenen Ton gibt und ihre fragmentarische altfranzösische Vorlage zu einem geschlossenen Ganzen abrundet. (Dass Wolfram dafür eine der Fortsetzungen des *Perceval* herangezogen hätte, hat sich nicht beweisen lassen.) Sein Blick auf die Gralswelt ist nicht zuletzt von zum Teil beißendem Humor, der durchgehenden Betonung von Kampf und höfischer Liebe als Kern des ritterlichen Lebens und dem Fehlen der aufdringlichen Frömmelei geprägt, die viele spätere Gralstexte durchdringt. Die Sündenthematik – also die Frage nach der Natur von Parzivals Vergehen, das ihn bei seiner ersten Begegnung mit dem Gral scheitern lässt – wird immer wieder angesprochen, aber von verschiedenen Protagonisten der Erzählung ganz unterschiedlich beantwortet und bleibt so letztlich offen. Die obsessive Sündenangst, die etwa die Fortsetzung des Gerbert de Montreuil prägt, ist Wolfram gänzlich fremd.

Gerade in der Behandlung des Gralsstoffs nimmt sich Wolfram seiner Vorlage gegenüber einige Freiheiten. Dies beginnt bereits damit, dass er der bei Chrétien namenlosen Gralsburg den Namen *Munsalvaesche* gibt; die Folgen dieser Benennung für die Rezeptionsgeschichte des Grals im frühen 20. Jahrhundert werden uns noch begegnen. *Munsalvaesche* wird zumeist als *mont sauvage* («Wilder Berg») gedeutet; Wolfram liebte französisierende Neubildungen, und der Name scheint sich beschreibend auf die Lage der Gralsburg auf einem Berg in einer unzugänglichen Wildnis zu beziehen. Der Zugang zur Burg wird bei Wolfram von einer Gemeinschaft von Gralsrittern bewacht, die (fast) jedem Gralssucher gewaltsam und tödlich den Weg versperren; die zeitgenössischen Ritterorden klingen hier zumindest an. Der Gral selbst ist jedoch bei Wolfram deutlich weniger stark christlich-religiös konnotiert als etwa bei Robert de Boron: Die Deutung des Grals als Kelch des Letzten Abendmahls und Passionsreliquie wird von Wolfram nicht übernommen. Vielmehr wird der Gral bei ihm zu einem Stein, der für die Festmähler in der Gralsburg einen unvorstellbaren Überfluss an allen denkbaren Köstlichkeiten spendet: Nachdem eine reine Jungfrau den Gral in den Bankettsaal getragen hat, erscheinen vor ihm Brote, verschiedenste Fleischsorten, Soßen, Weine – eben alles, was jeder Esser sich gerade wünscht, und davon so viel, wie er nur essen kann. Der Gral wird zum Füllhorn, und Wolfram vergleicht das Gralsbankett mit dem, was man sich vom Himmelreich erhofft. Die Verbindung zwischen Gralsprozession und Festmahl, die schon bei Chrétien angedeutet war, wird so verstärkt und als stark diesseitig anmutender Überfluss an Speisen präsentiert, die aus dem Nichts auftauchen. Wolfram bezeichnet den Gralsstein als *lapsit exillis*; in der Forschung herrscht keine Einigkeit darüber, wie diese obskure Phrase zu deuten ist, was jedoch nicht verhindert hat, dass sich in der esoterischen Rezeption der Gegenwart die Deutung als *lapis ex coelis* («Stein aus dem Himmel») weithin etabliert hat (für ein Beispiel s.u., S. 92). Der Anblick dieses Steins schenkt Leben und Jugend, so dass niemand, der ihn regelmäßig sieht, altert oder sterben kann. Zugang zur Gralsgemeinschaft ist nur durch göttliche Berufung möglich, die sich dadurch offenbart, dass der Name des oder der Berufenen als Inschrift auf dem Gralsstein erscheint. Obwohl dieser Gral mit dem Kelch des Joseph von Arimathäa fast nichts gemein hat, ist auch er christlich rückgebunden: Er erhält seine wunderwirkende Macht dadurch, dass jeden Karfreitag eine Taube vom Himmel herabkommt und eine Hostie auf den Gralsstein legt, aus der sich seine Kraft speist; diese Taube dient dann auch als das Emblem der Gralsgemeinschaft, das ihre Mitglieder auf ihrer Kleidung tragen. Auch Wolfram spielt so mit christlichen Symbolen, verbleibt dabei aber im (vergleichsweise) Uneindeutigen. Der Gral wird in einen christlichen Kosmos eingebettet, doch diese Einbettung ist deutlich schwächer als bei der Konzeption des Grals als Passionsreliquie.

Ähnliches gilt für das zweite zentrale Element der Gralsprozession. Die blutende Lanze ist bei Wolfram von Eschenbach ausdrücklich die Lanze eines Heiden, mit der dieser bei einem Zweikampf, in dem es um die Liebe einer Frau ging, die Hoden des Gralskönigs Anfortas durchbohrt hat, des Fischerkönigs, der bei Chrétien namenlos geblieben war. Von der Longinuslanze ist diese Lanze klar getrennt, und die Verwundung des Fischerkönigs ist aus dem spirituellen Bereich in den des Liebesabenteuers gerückt. Diese Art von Abenteuer war für den Gralskönig zwar vielleicht unangemessen, aber eben doch unwiderstehlich: Die Liebe sticht bei Wolfram den Gral aus, auch wenn die Folgen manchmal wehtun. Doch vielsagend ist vor allem, dass sie nicht einmal immer wehtun müssen. Der Roman endet damit, dass Anfortas geheilt und Parzival zum Gralskönig erhoben wird. Dabei wird auch die Gralsprozession vollführt, und es stellt sich heraus, dass Parzivals ungetaufter Bruder den Gral nicht sehen kann. Die schöne Frau, die den Gral trägt, kann er jedoch sehen – und er verliebt sich unsterblich in sie. Dem Verliebten wird erklärt, dass er den Gral nur sehen kann, wenn er sich taufen lässt, und – was ihm wichtiger ist als der Gral – dass die Taufe auch die Voraussetzung dafür ist, dass er die Gralsträgerin heiraten darf. Letzteres, und nur Letzteres, ist für den ungetauften Ritter der ausschlaggebende Punkt: Er lässt sich taufen, sieht den Gral, hat Augen aber nur für die Frau und zieht mit ihr davon in ein glückliches Leben fern der Gralsburg Munsalvaesche. Der Gral ist eine Wegmarke auf dem Pfad zur Seligkeit, aber diese Seligkeit steht mit beiden Beinen auf dem festen Boden real-zwischenmenschlicher Beziehungen – und so verwundert es auch nicht mehr, wenn Wolfram in seinen letzten Versen andeutet, dass er sein großes Ritterepos für eine Frau geschrieben hat.

Auch in Skandinavien wurde der Gral rezipiert – wenn auch mit einer gewissen Ratlosigkeit. In der Mitte des 13. Jahrhunderts versuchte Hákon Hákonarson, König von Norwegen von 1217 bis 1267, seinem Volk und vor allem seinem Hof die Kultur der südlicheren Länder nahezubringen. Teil dieses Bestrebens war, dass er eine Reihe altfranzösischer höfischer Texte ins

Altnordische übersetzen ließ; diese Literatur sollte zur Erziehung seiner Untertanen beitragen. Darunter befand sich auch der *Perceval* des Chrétien de Troyes, der übertragen wurde als *Parcevals saga*, die «Saga von Parceval». Schon bei Parcevals erster Begegnung mit dem Gral merkt man deutlich, dass der norwegische Übersetzer und die späteren Kopisten des Textes von der Szene zumindest ebenso verwirrt waren wie ihr ritterlicher Held. So lassen manche der Handschriften das Blut der blutenden Lanze aus der Nase des Lanzenträgers tropfen. Das französische Wort *graal* wird verschrieben zu *braull*, und weil mit beiden Begriffen niemand etwas anfangen kann, wird eine Erklärung nachgeschoben: «und wir mögen das ‹gehenden Dienst› nennen», wobei das Wort für «Dienst» sich vielleicht auf das Auftragen von Speisen für einen Gast bezieht. Auch das letzte Objekt, das von der Gralsprozession durch die Halle des Fischerkönigs getragen wird, hat in Skandinavien Probleme bereitet: Statt einer silbernen Servierplatte enthält der Text hier ein Wort unbekannter Bedeutung, das nur an dieser Stelle erscheint und sonst nirgends in der nordischen Literatur – vermutlich ein Fehler im Text oder ein Reflex der Ratlosigkeit des Übersetzers im Angesicht einer für ihn völlig opaken Szene. Im mittelalterlichen Island, wo der größte Teil der altnordischen Literatur entstand, hat man die norwegischen Übersetzungen altfranzösischer Ritterromane bald danach mit Begeisterung gelesen und Bände um Bände solcher Romane hinzuerfunden. Vom Gral hat man jedoch die Finger gelassen. Mit diesem merkwürdigen Ding wusste man im hohen Norden nichts so recht anzufangen.

Spiritualisierung und Gigantismus: *vom* **Lancelot-Graal** *bis zu* **Le Morte Darthur**

Wollte man die Gralsrezeption bei Wolfram von Eschenbach und an Hákon Hákonarsons Hof in Skandinavien auf zwei Schlagworte bringen, dann wären diese vermutlich «Fortsetzung der Percevaltradition» und «Trennung vom Symbolismus der Messe». Sowohl *Parcevals saga* als auch Wolframs *Parzival* sind mehr oder weniger freie Übertragungen von Chrétiens Geschichte des ursprünglichen Gralsritters Parzival, und beide halten Abstand von der Umdeutung des Grals als Kelch des Letzten Abendmahls, die Robert de Boron vornahm. Mit dieser Deutung hatte Robert den Gral zum ursprünglichen Messkelch gemacht, da die christliche Messe nichts anderes darstellt als die rituelle Wiederholung des Letzten Abendmahls. Wolfram jedoch nimmt mit seiner Darstellung des Grals als Stein eine dezidierte Gegenposition hierzu ein, und in Skandinavien stand man dem Gralsstoff ohnehin mit Ratlosigkeit gegenüber; mitunter war man sich hier sogar unsicher, ob das Blut auf der Lanze nicht von einem Anfall von Nasenbluten herrührte.

Im französischen und etwas später im englischen Sprachraum hingegen wären die zwei entsprechenden Schlagworte wohl «Spiritualisierung» und «Gigantismus». Aufbauend auf Robert de Boron, wird die Geschichte vom Gral hier gerade als christlich-religiöse Geschichte fortgeschrieben und in großen, teilweise fast ausufernden Zyklen und Gesamtschauen neu dargestellt.

Wohl zwischen 1215 und 1230 entstand die vermutlich umfangreichste Bearbeitung des Themas: der *Lancelot-Graal-Zyklus* oder *Vulgate-Zyklus*. Diese Behandlung des Stoffs in altfranzösischer Prosa umfasste zunächst die drei Abschnitte *Lancelot*, *Queste del Saint Graal* («Suche nach dem Heiligen Gral») und *La Mort le Roi Artu* («Der Tod des Königs Artus»). Später wurde dieser ohnehin schon lange Text noch erweitert und eine Vorgeschichte in Form der *Estoire del Saint Graal* («Geschichte des Heiligen Grals») und des *Merlin* hinzugefügt. (Um eine Vorstellung vom Umfang dieses Textes zu geben: Die erste moderne Gesamtausgabe des *Lancelot-Graal* umfasste sieben überformatige Bände mit zusammen mehr als 2800 Seiten.) In seiner endgültigen, fünfteiligen Form beginnt der *Lancelot-Graal* mit Joseph von Arimathäa und einer Schilderung der Herkunftsgeschichte des Grals, wie sie ursprünglich von Robert de Boron etabliert worden war. Gerade den Gral verliert die Geschichte jedoch bald darauf fast aus den Augen: Den Mittelteil des *Lancelot-Graal* bildet eine ausufernde Erzählung der Abenteuer Lanzelots, die die Hälfte des Gesamtwerks ausmacht, und schon dadurch erscheint Lanzelot als der zentrale Held des Zyklus.

Der ursprüngliche Gralsritter Perceval hingegen tritt weit in den Hintergrund: Vom eigentlichen, alleinigen Gralsritter wird er zu einem Nebenhelden, der sich zwar vor den meisten anderen Rittern der Tafelrunde auszeichnet und einer der wenigen ist, die den Gral finden dürfen, der aber doch hinter dem neuen Gralsritter zurücksteht – diese Rolle fällt nun nämlich Galahad zu; dies ist eine der großen Neuerungen des *Lancelot-Graal* gegenüber früheren Texten. Dass gerade Galahad die Rolle des Gralsritters übernimmt, ist wohl mit dem Gewicht verbunden, das das Gesamtwerk auf die Figur des Ritters Lanzelot legt: Denn Galahad ist dessen Sohn. Auch Lanzelot selbst darf von ferne einen Blick auf den verhüllten Gral erhaschen; nahe kommen darf er ihm allerdings nicht, da sein ehebrecherisches Verhältnis mit Guinevere ihn zu sündhaft und unrein macht, um etwas so Heiliges berühren zu können. Mit der Fokusverschiebung von Perceval auf Galahad und Lanzelot stellt der *Lancelot-Graal* eine erzählerische Wasserscheide dar: Von nun an wird Galahad zu einer oder sogar zu *der* zentralen Figur der Gralslegende. Dies hat auch wichtige Teile der modernen Rezeptionsgeschichte des Grals geprägt. Die Gralsgeschichte hat einen neuen Helden bekommen.

Die Verschiebung von Perceval zu Galahad geht mit einer fundamentalen Verschiebung im Verständnis von Reinheit einher. Chrétiens Perceval ist ein fehlerbehafteter Mensch: Seine Rücksichtslosigkeit seiner Mutter gegenüber führt zu deren Tod, und diese Sünde führt zu seinem Versagen in der Gralsburg und damit erst zur Notwendigkeit der Suche nach dem Gral. Chrétiens *Perceval* erzählt eine Geschichte von Sühne und innerem Wachstum. Der neue Gralsritter Galahad hingegen wird zum Auserwählten des Grals, weil er von Anfang an von jeglicher Sünde frei ist: Galahad wird zum Ersten unter den Gralsrittern, weil er sich nie versündigt und insbesondere nie mit einer Frau geschlafen hat. Selbst Lanzelot scheitert daran, den Gral unverhüllt zu sehen, weil er seine Liebe zu Guinevere nicht hinter sich lassen kann, sosehr er es auch versuchen mag. Sünde, einmal begangen, erscheint als nahezu unüberwindbar. Die Sehnsucht nach spiritueller Reinheit und insbesondere die Angst vor der (v.a. sexuellen) Sünde und ihren Folgen treten so mit einer obsessiven Intensität in den Fokus der Erzählung, die bei Chrétien noch nicht ersichtlich war.

Etwa eine Generation nach seiner Abfassung, vielleicht in den Jahren 1230 bis 1240, erfuhr der *Lancelot-Graal* eine Neubearbeitung; deren Ergebnis war der *Post-Vulgate-Zyklus*. Dieser Zyklus ist nicht als Ganzer erhalten geblieben, sondern liegt heute nur in Form von altfranzösischen Fragmenten und spanischen sowie portugiesischen Übersetzungen vor. Ganz ähnlich wie der *Lancelot-Graal* bestand der *Post-Vulgate-Zyklus* aus einer *Estoire del Saint Graal* («Geschichte des Heiligen Grals»), einem *Merlin* mit einer *Suite du Merlin* («Fortsetzung des Merlin»), einer *Queste del Saint Graal* («Suche nach dem Heiligen Gral») und einem *Mort Artu* («Tod des Artus»). Was im Vergleich zum *Lancelot-Graal* fehlte, war ein *Lancelot*-Teil. Den Hauptunterschied zum Original machen Kürzungen aus, wobei das Ergebnis immer noch von monumentaler Länge war. Der Autor des *Post-Vulgate-Zyklus* scheint an der großen Rolle Anstoß genommen zu haben, die das Motiv der ehebrecherischen Liebe zwischen Lanzelot und Guinevere im *Lancelot-Graal* spielt. Daher wollte er offenbar einen Artuszyklus schaffen, der seinen Fokus auf König Artus und dem Gral haben sollte, nicht auf dem sündhaften Verhalten eines der prominentesten Ritter der Tafelrunde; so entfernte er den *Lancelot* aus dem Zyklus. Auch ansonsten ist der Text geradezu besessen vom Problem insbesondere sexuell sündigen Verhaltens. In diesem Sinne setzt er die Spiritualisierung der Gralssuche fort: Der Fokus des Erzählers verschiebt sich noch weiter vom Abenteuer zur Sünde.

Eine dunkle Note liegt auch auf der letzten und bis heute vielleicht wirkmächtigsten Gesamtschau der Artuswelt, die die Literatur des Mittelalters hervorbringen sollte: Sir Thomas Malorys *Le Morte Darthur* («Der Tod des Artus»), einer monumentalen Prosaerzählung in englischer Sprache. Mit diesem Werk gelang es Malory, ein Panorama der Welt der Tafelrunde von Artus' Zeugung bis zu seinem und Lanzelots Tod zu entwerfen. Über den Autor selbst ist nur wenig bekannt. Sicher ist nur das, was er in *Le Morte Darthur* selbst über sich preisgibt: Er hieß Sir Thomas Malory (was unglücklicherweise in seinen Tagen ein relativ häufiger Name war), er war ein Ritter, verbrachte einen Teil seines Lebens im Gefängnis, und er beendete die Arbeit an *Le Morte Darthur* im Jahr 1469 oder 1470. Historisch ist er vermutlich mit Sir Thomas Malory von Newbold Revel im mittelenglischen Warwickshire zu identifizieren; ist diese Zuschreibung korrekt, dann wurde er wohl zwischen 1414 und 1418 geboren und starb im März 1471. Die Abfassung von *Le Morte Darthur* fällt damit mitten in die Zeit der Rosenkriege, in denen die Adelshäuser von York und Lancaster dreißig Jahre lang um den englischen Königsthron kämpften, und ans Ende eines bewegten und oft gewalttätigen Lebens: Thomas Malory von Newbold Revel war ein lokaler Großgrundbesitzer, zeitweise Mitglied des englischen Parlaments und alles andere als ein friedlicher Zeitgenosse; das Spektrum der Verbrechen, die ihm im Lauf der Jahre vorgeworfen wurden, reicht von Erpressung und Diebstahl über Raub bis hin zu Vergewaltigung und versuchtem Mord. Allerdings ist nicht klar, in welchem Maße die Vorwürfe begründet waren, da er zu unterschiedlichen Zeiten wohl auf beiden Seiten am Krieg zwischen York und Lancaster teilnahm; jedenfalls verbrachte er zumindest acht Jahre im Kerker, und auch seinen *Le Morte Darthur* mag er im Gefängnis geschrieben haben. Der Text ist in zwei Versionen erhalten: als Handschrift und in der davon etwas abweichenden gedruckten Fassung, die erstmals 1485 von William Caxton publiziert wurde, einem der ersten englischen Buchdrucker. Die in der Handschrift erhaltene Version war als Werkstatttext wohl Teil des Publikationsprozesses der gedruckten Fassung; sie hatte auf die Rezeption des Werks indes praktisch keinen Einfluss, da sie erst 1934 wiederentdeckt wurde.

Malory zog bei der Abfassung seines *Le Morte Darthur* eine Reihe unterschiedlicher Quellen heran. Unter anderem griff er auf den französischen *Lancelot-Graal-Zyklus* zurück; Malorys Behandlung spezifisch des Gralsthemas beruht weitgehend auf dessen *Queste del Saint Graal* und hält sich im Allgemeinen eng an diese Vorlage. Entsprechend ist auch bei Malory Galahad der zentrale Gralsritter. Obwohl Malory in seiner Darstellung des Grals einen Text adaptierte, der zu diesem Zeitpunkt schon mehr als zweihundert Jahre alt war, lässt sich der Spannungsbogen seiner Erzählung bemerkenswert gut im Kontext von Malorys Gegenwart lesen; vielleicht lag eine von Malorys zentralen Leistungen darin, überliefertes Artusmaterial für seine Zeit noch einmal relevant gemacht zu haben, kurz bevor ein breiteres Interesse am Artusstoff mit dem Ausgang des Mittelalters vorerst erlosch.

Malory verwendet den Gral wie eine Klammer, die weite Teile der Komposition seines *Le Morte Darthur* zusammenhält. Schon früh erhält König Pelles, der bei Malory die Rolle des Fischerkönigs spielt, eine Wunde durch einen «schmerzlichen Schwertstreich», die nur durch den Gralsritter geheilt werden kann. Dass die Rolle dieses Gralsritters von Galahad gespielt werden wird, wird schon kurz nach dessen Geburt durch eine Gralserscheinung deutlich gemacht. Dieses Detail ist wichtig, weil es illustriert, dass Malorys Galahad vom Anfang seines Lebens an ein Auserwählter ist, der durch seine angeborene Reinheit außerhalb normaler ritterlicher Maßstäbe steht. Tatsächlich lebt Galahad sein Leben dann auf eine Weise, die sich von der Lebensführung fast aller seiner Mitstreiter grundlegend unterscheidet. Der «Normalfall» ritterlichen Handelns ist das Vollbringen großer Taten zu Ehren einer Dame; Lanzelot etwa vollbringt seine Heldentaten, um damit Guinevere zu ehren (und, vielleicht noch wichtiger, zu beeindrucken). Galahad hält sich von der Liebe jedoch gänzlich fern. Immer und immer wieder betont Malorys Erzählung, dass Galahad eine sündenlose Jungfrau ist und nur daher rein genug, den Gral zu finden. Die erfolgreiche Suche nach dem Gral als höchstes Ziel der Tafelrunde wird so nicht nur entkoppelt vom Ideal der ritterlichen Liebesbeziehung, sondern dazu sogar in ein dezidiertes Spannungsverhältnis gesetzt: Man kann nur das eine oder das andere verfolgen, aber nicht beides. Dem «weltlichen» Rittertum, das einer weltlichen Liebe dient, wird so ein «spirituelles» Rittertum entgegengesetzt, das nach einem jenseitigen Heil strebt. Dieser Kontrast wird dabei mit ganz unterschiedlichen Schicksalen verschränkt. Das weltliche Rittertum scheitert an der Gralssuche, auf der viele der unwürdigen Ritter der Tafelrunde zugrunde gehen, und zerfleischt sich am Ende in einem inneren Kampf, der letztlich aus der Affäre zwischen Lanzelot und Guinevere erwächst: Die weltliche Liebe motiviert das weltliche Rittertum, aber sie zerstört es auch. Galahads spirituelles Gralsrittertum jedoch findet das Heil: Am Ende der Gralserzählung wird Galahads Seele von Engeln in das Paradies getragen, während eine himmlische Hand den Gral und die blutende Lanze für immer aus der Welt der Menschen entrückt. Sieht man die Geschichte vor dem biographischen Hintergrund des Ritters Malory, dessen Leben geprägt war von Bürgerkrieg, Gefängnis und politisch-juristischen Verwicklungen, dann mag man sich fragen, ob hier ein spirituelles Rittertum als Gegenentwurf zu dem weltlichen Rittertum präsentiert werden sollte, das in Malorys eigener Zeit eben dabei war, moralisch zu scheitern und sich physisch selbst zu zerstören – und das in der Tat nur wenig später verschwinden sollte. Liest man die Geschichte so, dann steht der Gral hier für die eine Weise, auf die das Rittertum sich über seinen selbstgemachten Untergang hinaus in die Zukunft retten kann – selbst wenn diese Rettung eine so radikale Umdeutung des Rittertums verlangt, dass auch sie letztlich dazu führt, dass das Rittertum aus der Welt verschwindet, buchstäblich wie metaphorisch. Der erfolgreichste Ritter ist Galahad; aber er ist erfolgreich um den Preis, gerade das aufzugeben, was das alte Rittertum ausgemacht hatte: die Welt und die Liebe.

Die Art, wie Malory einen damals schon zweihundert Jahre alten Text in seine Gesamtschau der Artuswelt einarbeitete, kann für den vielleicht wichtigsten Zug des Gralsthemas stehen: seine Fähigkeit, für ganz unterschiedliche Leser und Bearbeiter in ganz unterschiedlichen Situationen immer wieder neue Bedeutungen anzunehmen und so relevant zu bleiben. Nach Malory jedoch schwand die Faszination, die der Gral auf die europäische Imagination ausübte. Malorys *Le Morte Darthur* wurde noch mehrfach neu aufgelegt, aber gerade die Spiritualisierung des Gralsstoffes, die ihn vom Scheitern des weltlichen Rittertums unabhängig gemacht hatte, wurde bald zu seinem Verhängnis.

Malory und seine Vorgänger hatten den Gral eng mit dem Symbolismus der katholischen Messe verbunden: Der Gral als Becher des Abendmahls und zugleich als Gefäß, in dem das buchstäbliche Blut Christi aufgefangen worden war, verkörperte die Lehre von der Transsubstantiation, der Umwandlung von Brot und Wein des Messopfers in Leib und Blut Christi. Mit der Reformation wurde jedoch genau dieser Teil des Messsymbolismus in höchstem Maß problematisch, und der Gral verlor seine Stellung als zentrales kulturelles Symbol und Gegenstand einer breiten Faszination. Man könnte überspitzt vielleicht sagen: Luther wurde zum Totengräber des Grals. Verstärkt wurde dies noch durch die Renaissance, die sich zur selben Zeit von mittelalterlichen Stoffen ab- und der klassischen Antike zuwandte. So verschwand der Gral aus der realen Welt für einige Jahrhunderte fast genauso, wie Malory ihn aus der Welt seiner Rittererzählung entrückt werden ließ. Jedoch verschwand er nicht für immer.

3. Mittelalterbegeisterung und Gralsschwärmerei: der Gral von seiner Wiederentdeckung bis zum Ersten Weltkrieg

Die Rückkehr des Grals ins Land des Grals: die Gralsrenaissance in Großbritannien

Wie Malorys Monumentalwerk am Ende der mittelalterlichen Glanzzeit der Gralsgeschichte stand, so stand es drei Jahrhunderte später auch am Anfang der Wiederkehr des Grals in Großbritannien. In den Jahren 1816 und 1817 erschienen drei Neuausgaben des *Morte Darthur*; damit wurde die Welt der Tafelrunde dem englischsprachigen Publikum zum ersten Mal seit Langem wieder zugänglich. Der Zeitpunkt hätte günstiger kaum sein können. Historische und vor allem mittelalterliche Themen waren in Mode; zur selben Zeit feierte Sir Walter Scott, der Schöpfer des historischen Romans, mit seinen Erzählungen zu Themen des Mittelalters und der Frühen Neuzeit beim Publikum beispiellose Erfolge. Spätestens ab der Mitte des Jahrhunderts fesselte der Gral nun die Fantasie auch führender Künstler und Literaten. Hierzu zählte nicht zuletzt William Morris (1834–1896), einer der Begründer der *Arts-and-Crafts*-Bewegung und des britischen Sozialismus und damit einer der führenden Intellektuellen seiner Zeit. In den Jahren 1856 und 1858 veröffentlichte er zwei Gedichte, die beide das Gralsthema aus der Perspektive der Figur des Galahad betrachten: *Sir Galahad, a Christmas Mystery* und *The Chapel in Lyoness*. Morris' *Sir Galahad* zeigt Galahad als einen Ritter, den Zweifel plagen, ob es die richtige Entscheidung war, für die Suche nach dem Gral auf die Nähe und Wärme einer Liebesbeziehung zu verzichten. Diese Zweifel werden zerstreut, als ihm der Heiland selbst in einer Vision erscheint, ihn in seiner Lebensführung und insbesondere in seinem Verzicht auf eine (als sündhaft angesehene) Liebesbeziehung bestärkt und schließlich

Engel ihm den Weg zum Gral weisen: Der Gral wird so zum Lohn für ein Leben in Glauben und Keuschheit. Wärme und Geborgenheit erfährt Galahad jedoch nicht; vielmehr lässt die Begegnung mit dem Heiligen den Ritter vor Schrecken halb gelähmt und zutiefst ausgelaugt zurück. Zudem endet das Gedicht mit einer Schilderung des Scheiterns der Mehrzahl der Artusritter, von denen die meisten nichts und viele den Tod gefunden haben. Das Versprechen des Grals wird so dunkel konterkariert. Gerade das Scheitern an der Gralssuche steht auch im Mittelpunkt von Morris' zweitem Gralsgedicht *The Chapel in Lyoness*.

Literarisch noch prominenter, und dabei ähnlich ambivalent, ist die Behandlung des Stoffs durch Alfred Lord Tennyson (1809–1892). Tennyson war der bedeutendste Dichter Großbritanniens in der zweiten Hälfte des 19. Jahrhunderts; von 1850 bis zu seinem Tod hatte er das Amt des *Poet Laureate* inne und war damit, zur Zeit der größten Machtentfaltung des britischen Empire, der offizielle Hofdichter Königin Victorias. Sein Gedicht *Sir Galahad* (1842) präsentiert sich als ein Monolog dieses Ritters, der stolz und (anders als bei William Morris) ohne jeden Selbstzweifel seine Keuschheit, seinen Glauben und seine entschlossene Suche nach dem Gral verkündet. Die Gralssuche wird hier noch nicht in Frage gestellt. Etwas später, in Tennysons wichtigster Behandlung des Gralsthemas, sollte gerade dies sich jedoch drastisch ändern. Zwischen 1859 und 1885 veröffentlichte Tennyson seine *Idylls of the King*, einen Zyklus von zwölf langen erzählenden Gedichten über König Artus und seine Tafelrunde. Eines dieser Gedichte, *The Holy Grail*, erzählt die Geschichte des Grals aus der Sicht Percevals, der hier mit Malorys Namensform als «Percivale» erscheint.

Das Gralsthema scheint für Tennyson eine besondere Herausforderung dargestellt zu haben, die er äußerst ernst nahm und die ihn viele Jahre lang verfolgte. Der erste Band der *Idylls of the King* erschien bereits 1859, wonach fast ein Jahrzehnt verstrich, ehe Tennyson eine Art fand, wie er den Stoff auf eine für ihn befriedigende Weise behandeln konnte; erst 1868 gelang es ihm, seine Arbeit an den *Idylls* mit dem zentralen Gedicht über den Gral fortzuführen. Dass er das Thema nicht gänzlich aufgegeben hatte, war einer Aussage seiner Frau Emily Tennyson zufolge allein dem langjährigen Drängen seiner Umgebung geschuldet, insbesondere Königin Victorias, der Kronprinzessin und Emilys selbst.

The Holy Grail beschreibt ein Gespräch zwischen Percivale, der Artus' Hof verlassen und sich in ein Kloster zurückgezogen hat, und einem alten Mönch namens Ambrosius. Ambrosius fragt Percivale, warum er die Tafelrunde verlassen habe: Hat eine Frau seine Liebe verschmäht? Nein, ist Percivales Antwort, die Vision des Grals hat ihn fortgetrieben: Sie hat ihm die Eitelkeiten des Hofs zuwider gemacht, und wie die Ritter dort um die Frauen buhlen, statt nach dem Himmel zu streben. Ambrosius fragt darauf, worum genau es sich beim Gral eigentlich handelt. Percivale erklärt nun leidenschaftlich, dass der Gral der Becher ist, aus dem der Heiland beim Letzten Abendmahl trank und den Joseph von Arimathäa nach Glastonbury brachte; dort blieb der Gral lange und heilte jede Krankheit. Die Welt wurde schließlich jedoch so sündhaft, dass der Gral in den Himmel entrückt wurde und verschwand. Die Welt erfuhr erst wieder vom Gral, als er einer jungen Nonne, Percivales Schwester, in einer Vision erschien: Diese Nonne hatte sich, nachdem eine leidenschaftliche Liebesbeziehung gescheitert war, hinter Klostermauern zurückgezogen und dort so hingebungsvoll gefastet und gebetet, dass ihr schließlich eine nächtliche Erscheinung des Grals zuteilwurde. Davon erzählte sie ihrem Bruder Percivale, der sich von ihrer Begeisterung anstecken ließ und nun selbst ebenfalls in Fasten und Gebet nach einer Gralsvision strebte; und er wiederum konnte die anderen Ritter von Camelot für dieses Ziel gewinnen. Der reinste der Ritter der Tafelrunde war jedoch nicht Percivale, sondern Galahad. Für ihn fertigte die Nonne einen Schwertgürtel aus ihren eigenen Haaren, den sie mit einem Bild des Grals verzierte; als sie Galahad diesen Gürtel anlegte, ihm ihre Liebe offenbarte und ihn auf die Suche nach dem Gral schickte, nahm sie ihn mit der Leidenschaft ihres Blicks gänzlich gefangen, «und er glaubte an ihren Glauben» (*and he believed in her belief*). Galahad versuchte nun, eine Gralsvision zu provozieren. In Camelot stand der «gefahrvolle Stuhl» (*Siege perilous*), den Merlin geschaffen hatte und in dem sich ein jeder, der sich daraufsetzte, verlor. Als Galahad auf diesem Stuhl Platz nahm, zeigte sich ihm unter Donner und Krachen in einem blendend hellen Lichtstrahl eine Erscheinung des Grals, verhüllt von einer leuchtenden Wolke. Keiner der anderen anwesenden Ritter konnte den Gral in dieser Wolke tatsächlich sehen, und so gelobten sie alle, für ein Jahr auf die Suche nach dem Gral auszuziehen, bis sie ihn ebenso sehen würden, wie ihn Percivales Schwester in ihrer Klosterzelle gesehen hatte. Während diese Ereignisse sich zutrugen, war König Artus nicht selbst in der Halle zugegen; er war eben losgeritten, um die Vergewaltigung eines Mädchens durch eine Räuberbande zu ahnden. Bei seiner Rückkunft machte er seinen Rittern für ihren Eid schwere Vorwürfe. Nur Galahad konnte von sich behaupten, den Gral gesehen zu haben; alle anderen hingegen hatten geschworen, ihn zu suchen, gerade weil sie ihn *nicht* gesehen hatten. Artus gestand Galahad zu, dass die Suche nach dem Gral für ihn angemessen sei. Für die anderen, deren Augen sich der Gral entzogen hatte, sei sie das jedoch nicht. Sie würden nur Irrlichtern im Moor folgen, während niemand in Camelot zurückbleiben würde, um den Schwachen zu helfen und Übeltäter zu bestrafen. Aber die Eide waren geschworen, und so zogen die Ritter aus, um den Gral zu suchen; als die Schar aufbrach, ritt Guinevere neben Lancelot her und wehklagte, dass dieser Wahnsinn die Strafe für ihre Sünden war.

Nach dem Aufbruch von Camelot ändert sich der Tonfall von Percivales Schilderung. Zunächst, so erzählt er nun Ambrosius, war er noch ganz von der Begeisterung des Aufbruchs durchdrungen, aber bald holten ihn Artus' düstere Worte ein, dass die Ritter nur Irrlichtern hinterherjagen würden. Percivale schildert seinem Gesprächspartner vier surreale Visionen, in denen er beinahe ein Zuhause, Liebe und Anerkennung gewinnt, von denen jede sich aber im letzten Moment in Bilder des Verfalls auflöst. Nach diesen Visionen will Percivale auf einen heiligen Einsiedler getroffen sein, der ihm vor Augen führte, dass ihm wirkliche Demut fehlte. Kurz darauf, so erzählt Percivale weiter, kam auch Galahad zur Kapelle der Einsiedelei, und der Eremit feierte mit den beiden Rittern die heilige Messe. Percivale nahm dabei nur einen normalen Gottesdienst wahr; Galahad jedoch erklärte nach dessen Ende, dass er während der Messfeier gesehen habe, wie der Heilige Gral auf den Altar herabgekommen und das feurige Gesicht eines Kindes in die Hostie eingedrungen sei. Dem fügte er ferner hinzu, dass der Gral für ihn immer sichtbar sei, seit Percivales Schwester ihn gelehrt hatte, ihn zu sehen; aus ihm beziehe er die Kraft für seine Heldentaten. Am nächsten Tag ritt Galahad davon, bis er schließlich ans Meer gelangte. Percivale versuchte, mit ihm Schritt zu halten, musste am Ende jedoch zurückbleiben und konnte nur aus der Ferne beobachten, wie Galahad inmitten eines furchtbaren Gewitters zusammen mit dem blutrot leuchtenden Gral von einem Schiff aus der Welt der Menschen ins Neue Jerusalem entrückt wurde. An dieser Stelle unterbricht Ambrosius die Schilderung Percivales. Mit einigen wenigen skeptischen Nachfragen holt der Mönch den Gralsritter von seinen Visionen auf den Boden des menschlichen Lebens zurück und bringt ihn dazu zuzugeben, dass er auf seiner Suche nicht nur Gespenster und den Gral gesehen hat: Verschämt erzählt Percivale nun, dass er an einem Punkt seiner Suche auch eine alte Jugendliebe wiedertraf. Diese Frau war inzwischen eine wohlhabende Witwe und schloss Percivale bald in ihre Arme. Fast wäre er bei ihr geblieben und hätte die Suche nach dem Gral aufgegeben. Eines Nachts holten ihn seine Eide jedoch ein und trieben ihn weiter, in Selbsthass und Tränen aufgelöst. Erst als er auf Galahad traf, vergaß er diese Liebe wieder. Hier unterbricht der Mönch Ambrosius erneut Percivales Erzählung: Mit sanften Worten kritisiert er ihn, indem er bedauert, wie schade es ist, dass Percivale seine Liebe wieder fortgestoßen hat, während sogar er als Mönch sich nach einer solchen Liebe sehnen würde. Dann fragt Ambrosius ihn nach dem Rest der Tafelrunde, und Percivale gibt einen Abriss ihrer Schicksale, wie sie selbst sie berichteten. Lancelot war wieder in Wahnsinn verfallen, zerrissen von seiner ehebrecherischen Liebe zu Artus' Frau Guinevere; über diesem Leid war er dem Gral gegenüber gleichgültig geworden. Sir Bors wurde von Heiden eingekerkert; in seiner Zelle jedoch wurde ihm eine Vision des Grals zuteil. Camelot lag bei Percivales Rückkehr halb in Ruinen. Nur ein Bruchteil der Ritter, die auf die Suche nach dem Gral ausgezogen waren, war zurückgekehrt, und diese wenigen waren erschöpft und ausgemergelt. Als Einziger hatte Gawain die Zeit gut überstanden: Er hatte sie in einem Zelt voller schöner Frauen verbracht. Besonders ausführlich beschreibt Percivale den Bericht, den Lanzelot von seinem Schicksal gab: Von Liebe und Schuld in den Wahnsinn getrieben, gelangte dieser zu einer Burg, in deren Turm der Gral von Engeln verehrt wurde. In seiner Raserei brach er in den Raum ein, in dem der Gral sich befand. Dort wurde er von grellem Licht und dem Anblick der Engel geblendet, von glühender Hitze fast verbrannt und fiel sofort in Ohnmacht; für einen Augenblick aber glaubte er, zwischen den Engeln den mit einem Tuch verhüllten Gral zu sehen. Als die Ritter ans Ende ihrer Berichte gekommen waren, kommentierte Gawain ihre Erzählungen abfällig damit, dass er von nun an nie wieder den Ekstasen heiliger Jungfrauen Glauben schenken werde, und gab Percivale und seiner Schwester die Schuld daran, die Ritter der Tafelrunde verrückt gemacht zu haben. Artus tadelte Gawain darauf für seinen Mangel an Glauben, da jeder Ritter die Wahrheit je nach dem berichtet habe, was er gesehen hatte; aber der König rügte auch seine anderen Ritter und erinnerte sie daran, dass er ihnen prophezeit habe, die meisten von ihnen würden nur Irrlichtern folgen. Er beklagte die Ritter, die der Tafelrunde verloren gegangen waren und die jetzt nicht mehr für Gerechtigkeit in der Welt kämpfen würden; und in seiner Schlussrede betonte er seine Pflicht als König, nicht auf irgendeine Suche loszuziehen, sondern sein Land zu beschützen. Danach endet Percivales Gespräch mit Ambrosius und damit auch Tennysons Gedicht. Mit seinen letzten Worten gesteht Percivale ein, dass er nicht alles verstanden hat, was König Artus meinte.

Diese Zusammenfassung von Tennysons langem Gedicht lässt vielleicht deutlich werden, wie ambivalent seine Fassung der Gralsgeschichte ist. Auf einer Ebene sind die Visionen des Grals für die suchenden Ritter subjektiv wahre religiöse Erfahrungen; Tennyson lässt dies seinen König Artus ausdrücklich betonen, als dieser Gawain für seine Verachtung für die Gralssuche zurechtweist. Auf einer anderen Ebene jedoch verschränkt Tennyson die Suche nach dem Gral systematisch immer wieder mit unterdrückter Erotik. Dies beginnt schon mit dem Zündfunken dieser Suche: Die erste Gralsvision wird einer jungen Nonne zuteil, die sich in eine Klosterzelle geflüchtet hat, nachdem sie sich leidenschaftlich in einen Mann verliebt und dieser sie zurückgewiesen hatte. Diese Vorgeschichte könnte suggerieren – ohne dass Tennyson dies freilich explizit ausspricht –, dass die Gralsvision der Nonne letztlich eine Sublimierung ihres unterdrückten erotischen Verlangens darstellt. Ist dies jedoch der Fall, dann hat das massive Konsequenzen für die gesamte Gralssuche der Artusritterschaft: Denn die Sehnsucht nach dem Gral wird – zunächst in Percivale und dann in den anderen Rittern der Tafelrunde – erst durch die Nonne geweckt, und ist ihre Gralsvision nur eine Folge unterdrückten sexuellen Verlangens, dann gilt dasselbe für die gesamte Suche nach dem Gral.

Eine Interpretation der Sehnsucht nach dem Gral als Sublimierung eines unterdrückten erotischen Verlangens wird auch durch andere Details des Gedichts nahegelegt. So ist etwa gerade die Szene, in der der einzig wirklich erfolgreiche Gralssucher seine Leidenschaft für den Gral entwickelt, in höchstem Maß erotisiert: Galahad erhält von der jungen Nonne einen Schwertgurt, den sie aus ihren eigenen Haaren gefertigt hat, sie offenbart ihm ihre Liebe und Bewunderung und schickt ihn auf die Suche nach dem Gral – und was Galahad letztlich überzeugt, sich auf diese Suche zu begeben, ist die Leidenschaft, die in dem Blick liegt, den die junge Frau und der Ritter austauschen. Verliebt Galahad sich hier in den Gral oder in die Botin des Grals? In diesem Kontext mag auch signifikant sein, vor welchem Hintergrund die Ritter der Tafelrunde kollektiv schwören, sich auf die Suche nach dem Gral zu begeben: Sie legen ihre Eide nach einer Vision ab, die sie alle haben, kurz nachdem eine junge, vergewaltigte Frau mit zerkratzten Armen und zerrissenen Kleidern nach Camelot gekommen ist und König Artus von dem Verbrechen berichtet hat, das ihr angetan worden war. Die Konsequenzen sind vielsagend ambivalent: Artus, der bodenständige Herrscher, der der Gralssuche zutiefst kritisch gegenübersteht, zieht mit einigen Männern los, um die Verbrecher zur Rechenschaft zu ziehen; die Ritter der Tafelrunde hingegen werden, ähnlich wie die junge Nonne, von einer Vision heimgesucht und ziehen los, um den Gral zu suchen. Die spannungsgeladene Verschränkung von Sexualität und Gralssuche zieht sich dann durch das gesamte folgende Geschehen. Lancelot sucht letztlich nicht nach dem Gral, sondern nach einem Weg, mit seinen Gefühlen für Königin Guinevere umzugehen. Gawain gibt das Unternehmen bald ganz auf und findet nicht nur eine, sondern gleich einen ganzen Pavillon voller williger Gespielinnen. Selbst Percivale kommt dem Glück mit einer alten Jugendliebe näher als dem Gral – und wirft dieses Glück dann für den Gral weg, den er nie erlangen wird. Der alte Mönch Ambrosius tadelt Percivale für diese Entscheidung: Er stellt die Liebe zwischen zwei Menschen über die Suche nach der Passionsreliquie. Ebenso verurteilt Artus am Anfang wie am Ende der Handlung die Gralssuche als ein Unternehmen, das eine Ritterschaft zugrunde richte, die dadurch nur von ihrer eigentlichen, menschlichen Aufgabe abgehalten werde: in der Gesellschaft für Frieden und Gerechtigkeit zu sorgen. In Tennysons Gedicht erscheint die Sehnsucht nach dem Gral so in erster Linie als etwas, das den Menschen in Gefahr bringt, gerade das zu vernachlässigen, was ihm eigentlich menschliches Glück bringen würde.

Diese Skepsis gegenüber dem Gral ist eine wichtige Grundlinie der frühen englischen Gralsrezeption. Eine Ursache hierfür mag in der allgemeinen Umbruchsstimmung der Zeit zu suchen sein. Im Jahr 1859 erschien etwa die erste Auflage von Charles Darwins epochemachendem Werk *Über die Entstehung der Arten*, und ein Tagebucheintrag bezeugt einen Besuch Darwins bei Tennyson, nur einen Monat ehe Letzterer sein Gedicht *The*

Holy Grail nach Jahren des Zögerns in nur zwei Wochen zu Papier brachte. Ein anderer Grund für die britische Ambivalenz gegenüber dem Gral mag in der konfessionellen Situation Englands liegen. Seit der Abspaltung der englischen von der katholischen Kirche unter Heinrich VIII. im 16. Jahrhundert war die englische Staatskirche, die Church of England, protestantisch. Die Lehre von der Transsubstantiation, d.h. der Wesensverwandlung von Brot und Wein beim Messopfer in Leib und Blut Christi, wurde mit der Umsetzung der Reformation in England problematisch. In der Darstellung der Gralsgeschichte bei Sir Thomas Malory, die für ihre englische Rezeption maßgeblich ist, war gerade die Verbindung des Grals mit der Transsubstantiation jedoch zentral; Tennyson greift dies vielleicht damit auf, dass er Galahad berichten lässt, er habe beim Messopfer ein Kindergesicht in die Hostie eindringen sehen. Im britischen Kontext ist der Gral aus diesem Grund katholisch konnotiert – und war im zeitgenössischen protestantischen Umfeld des 19. Jahrhunderts damit potentiell anrüchig. Seine katholischen Konnotationen waren so stark, dass sie sogar in politischen Kontexten relevant werden konnten. Als das Parlamentsgebäude in London nach einem verheerenden Brand im Jahr 1834 wiederaufgebaut wurde, wurde der Künstler William Dyce damit beauftragt, den Ankleideraum der Königin im Oberhaus mit einem Fresko auszuschmücken, das den Artusstoff nach Malory zum Thema haben sollte. Der ursprüngliche Plan sah ein Gralsfresko vor. Am Ende scheute Dyce aber davor zurück, den Gral in einem Raum darzustellen, der dem offiziellen staatlichen Zeremoniell dienen würde: Die Königin als Oberhaupt der protestantischen Church of England sollte die Roben für die wichtigsten staatlichen Anlässe nicht im Angesicht eines katholischen Symbols anlegen.

Solche Vorbehalte standen einer enthusiastischen Rezeption des Gralsstoffes im privaten Rahmen jedoch nicht im Wege, nicht einmal in repräsentativen Kontexten. Das herausragendste Beispiel dafür sind die Tapisserien, die in den 1890er Jahren von Edward Burne-Jones und William Morris für den Speisesaal von Stanmore Hall bei London entworfen und hergestellt

Abb. 3: Die «Auffindung des Heiligen Grals» in ihrer ursprünglichen Hängung in Stanmore Hall in den 1890er Jahren.

wurden. Ohne einer der bedeutenden literarischen Quellen im Detail zu folgen, zeigt die Serie in sechs lebensgroßen Szenen zentrale Wendepunkte der Suche nach dem Gral: das Erscheinen einer Frauengestalt an Artus' Hof, die die Ritter der Tafelrunde zur Suche nach dem Gral davonruft; den Aufbruch der Ritter; Gawain und Ewain, denen ein Engel den Zugang zur Gralskapelle verwehrt; Lancelot, dem gleichfalls ein Engel den Zugang zu der Kapelle verwehrt, in der sich der Gral befindet; ein Schiff vor Anker; und schließlich die Auffindung des Grals. Letztere Tapisserie nahm die ganze Breite des Raums ein, für den sie bestimmt war. Am linken Rand der Szene befinden sich Sir Bors und Percivale, die (wie auch bei Tennyson) den Gral nur aus der Ferne sehen dürfen: Drei große Engel, von denen einer den blutenden Speer hält, versperren ihnen den Zugang zur Gralskapelle, die sich am rechten Rand des Bildfelds befindet. In der Kapelle knien drei Engel hinter einem Tisch, auf dem der Gral steht, während Galahad in der Tür kniet und den Gral aus unmittelbarer Nähe anbetet. Über dem Gral ist der Heilige

Geist als eine rötliche Wolke dargestellt, aus der Blutstropfen in den Kelch regnen: So wird ebendie Transsubstantiation ins Bild aufgenommen, die die Darstellung des Sujets im Parlamentsgebäude problematisch gemacht hatte.

Öffentlicher, aber auch subversiver war die Behandlung des Themas in den Wandgemälden der Bibliothek der Oxford Union Society. Die Oxford Union ist ein bereits 1823 gegründeter Debattierclub, dessen Mitgliederschaft sich vor allem aus Studierenden der Universität Oxford rekrutiert; für viele spätere britische Politiker war und ist die Teilnahme an den Debatten der Oxford Union nachhaltig prägend. Die Bibliothek dieser Vereinigung wurde auf Initiative John Ruskins zwischen 1857 und 1859 von u.a. Dante Gabriel Rossetti, William Morris und Edward Burne-Jones mit Wandgemälden über Themen der Artusliteratur ausgestaltet. Der Gral erscheint hier in «Sir Lancelots Vision des Heiligen Grals». Entworfen wurde dieser Teil des Bildprogramms von Rossetti, der für die englische Kunstgeschichte als Begründer der Präraffaelitischen Bruderschaft erhebliche Bedeutung hat. Dieses großformatige Wandgemälde zeigt an seinem rechten Bildrand Lanzelot, wie er schläft und träumt. Am gegenüberliegenden Rand befindet sich eine kniende Engelsfigur mit dem Gralsbecher in der Hand, und zwischen Lanzelot und dem Engel steht seine Geliebte Guinevere, die sehr viel größer dargestellt ist als der Engel. Beide, Engel und Königin, haben ihren Blick auf den schlafenden Ritter gerichtet: der Engel mitleidsvoll-resigniert, Guinevere ängstlich-erwartungsvoll. Hinter ihr ist ein Apfelbaum dargestellt; dieses Motiv spielt auf die biblische Geschichte vom Sündenfall an und verbindet Guinevere assoziativ mit Eva als der Verführerin Adams.

Lanzelots Geliebte ist die zentrale Figur der Komposition und dominiert das Bild. Rossettis Gemälde rückt so nicht die Sehnsucht nach dem Gral in den Mittelpunkt, sondern die Sehnsucht nach menschlicher Liebe. Einige Jahre später fasste Rossetti den (nie umgesetzten) Plan, ein Gedicht über Lanzelot zu verfassen; Gegenstand dieses Werks sollte sein, dass Guineveres Liebe der Suche nach dem Gral vorzuziehen sei. Die Komposition seines

Beitrags zum Bildprogramm der Bibliothek der Oxford Union scheint dieses Urteil bereits vorwegzunehmen. Ebenso spiegeln sich in diesem Bild Morris' (frühere) dichterische Behandlung Sir Galahads und Tennysons (spätere) Behandlung der Gralssuche durch Percivale und seine Gefährten, wie sie oben angesprochen worden sind. Der englische Gral der viktorianischen Epoche ist ein Objekt der Sehnsucht, aber er bleibt ambivalent. Die Jagd nach dem jenseitigen Gral wird stets herausgefordert von der Sehnsucht nach einer diesseitigen Liebe zwischen zwei lebendigen Menschen, und was von beiden letztlich das höhere Ziel ist, bleibt in der Schwebe.

Der Gral kommt nach Bayreuth

Ähnlich wie im englischsprachigen Raum war auch in Deutschland das Interesse am Gral seit Beginn des 16. Jahrhunderts geschwunden. In den protestantischen Regionen war sein Symbolismus problematisch geworden, und Renaissance und Aufklärung betrachteten das Mittelalter ohnehin als Inbegriff einer dunklen Epoche, die es zu überwinden galt – was sich natürlich auch auf die Wahrnehmung des Gralsmythos auswirkte, zumal in der tief christlich aufgeladenen Form, die sich nach Chrétien weitgehend durchgesetzt hatte. Erst in der Mitte des 18. Jahrhunderts begann das Interesse am Gralsstoff langsam erneut zu erwachen. Im Jahr 1784 wurde der *Parzival* des Wolfram von Eschenbach in einer modernen Ausgabe wieder zugänglich gemacht und konnte so auf die deutsche Romantik einwirken, die sich wenige Jahre später zu entfalten beginnen sollte. So plante der Frühromantiker Ludwig Tieck im Jahr 1801 eine eigene Edition des Texts, auch wenn er dieses Vorhaben nie in die Tat umsetzte. Wirklich in Schwung kam die Rezeption des Grals in Deutschland, wie in England, ab den 1830er Jahren. 1833 veröffentlichte Karl Lachmann die bis heute grundlegende Edition von Wolframs *Parzival*. Ausgehend von dieser Edition, wurde der *Parzival* bald für ein breiteres Publikum ins Neuhochdeutsche übersetzt; die größte Wirkkraft erreichte die Versübersetzung von Karl Simrock (1842). Ihr Einfluss konnte jedoch nicht an denjenigen des nur wenig später entstandenen Bayreuther Musikdramas heranreichen; denn deutsche Gralsrezeption ab der Mitte des 19. Jahrhunderts ist über weite Strecken Wagner-Rezeption.

Richard Wagner (1813–1883) war einer der einflussreichsten deutschen Komponisten des 19. Jahrhunderts; mit seiner Konzeption der Oper als Gesamtkunstwerk stellte er die zeitgenössische Oper auf eine neue Grundlage. In seinen Werken griff er immer wieder mittelalterliche Themen auf: Sein umfangreichstes Werk, *Der Ring des Nibelungen* (uraufgeführt 1876), zelebriert besonders deutlich eine romantische Mittelalterschwärmerei, die mittelalterliche deutsche Literatur germanentümelnd mit nordischen Heldensagen verschneidet. Darin, wie auch in seinem aggressiven Antisemitismus, war Wagner ein Kind seiner Zeit. Dem Gralsstoff wandte er sich in zweien seiner Opern zu, *Lohengrin* (uraufgeführt 1850) und *Parsifal* (1882), seinem letzten musikdramatischen Werk. Er selbst betitelte diese Oper als «Bühnenweihfestspiel» – allein damit machte er schon die quasireligiöse Stellung deutlich, die er ihr beimaß. Wagner wünschte, dass der *Parsifal* ausschließlich in seinem Festspielhaus in Bayreuth aufgeführt werde; diese Auflage wird in der heutigen Aufführungspraxis der nach wie vor regelmäßig inszenierten Oper jedoch nicht beachtet. Beide Gralsopern erwiesen sich als außerordentliche Publikumserfolge. Dies hatte zur Folge, dass das Gralsbild von Wagners Opern den Blick auf die mittelalterlichen Behandlungen des Gralsthemas im deutschen Sprachraum auf Jahrzehnte hinaus verstellte.

Wagners Auseinandersetzung mit dieser Materie geht zumindest bis ins Jahr 1845 zurück, als er sich während eines Kuraufenthalts die Zeit mit der Lektüre einschlägiger Literatur vertrieb. Diese Beschäftigung mit dem Thema führte zunächst zur Komposition des *Lohengrin*. Wagners wichtigste Quellen dafür waren der *Parzival* des Wolfram von Eschenbach, in dem der Gralsritter Loherangrin als Sohn Parzivals erscheint, sowie der mittelhochdeutsche Versroman *Lohengrin* aus den 1280er Jahren; an beide fühlte er sich jedoch nicht sklavisch gebunden.

Wagners Oper beginnt mit einem Auftritt König Heinrichs I., des Begründers des Deutschen Reiches, der die Edlen von Brabant dazu bewegen will, ihm bei einem Feldzug gegen die Ungarn zur Seite zu stehen; gemeinsam werde man die Ehre des Deutschen Reiches verteidigen. Außerdem versucht er, einen Erbfolgestreit im Herrscherhaus von Brabant zu klären: Friedrich von Telramund beschuldigt sein Mündel Elsa von Brabant des Brudermords und beansprucht die Herrschaft über Brabant für sich. Heinrich I. ordnet ein Gottesurteil an, aber kein Ritter ist dazu bereit, für Elsa einzutreten. Als Elsa Gott um einen Retter anruft, kommt ein Boot in Sicht, das von einem Schwan gezogen wird und einen unbekannten Ritter in strahlender Rüstung trägt. Dieser kämpft nun gegen Friedrich von Telramund und besiegt ihn, tötet ihn aber nicht; damit hat das Gottesurteil die Schuldlosigkeit Elsas erwiesen. Elsa wird die Gemahlin des Ritters, steht aber unter dem Gebot, ihn niemals nach seinem Namen oder seiner Herkunft zu fragen. Ortrud, die Frau des unterlegenen Friedrich, überzeugt diesen jedoch, dass er nur mit Hilfe eines Zaubers besiegt worden sei. Gemeinsam bringen sie Elsa dazu, das Verbot der Frage nach dem Namen des Schwanenritters zu verletzen. In einer Rede vor dem König offenbart der Fremde darauf seinen Namen und seine Herkunft: Er ist Lohengrin, der Sohn des Gralskönigs Parzival, und ist aus der Gralsburg Montsalvat gekommen. Der Gral, der dort aufbewahrt wird, wird als ein Gefäß beschrieben, das von Engeln auf die Erde gebracht worden ist und dessen Kraft jedes Jahr von einer Taube erneuert wird, die vom Himmel herabkommt. Der Gral verleiht seinen Rittern Stärke und hält den Tod von ihnen fern, und er entsendet sie in ferne Länder, um dort für die Gerechtigkeit zu kämpfen. Jedoch ist der Segen des Grals so «hehr», dass ein Gralsritter nicht unter gewöhnlichen Menschen verweilen kann, wenn er einmal erkannt ist; und da der Gral Lohengrin gesandt hat, kann dieser nun, als die verbotene Frage nach seinem Namen und seiner Herkunft gestellt worden ist, nicht länger bleiben. Daher kehrt das von einem Schwan gezogene Boot zurück, um Lohengrin fortzubringen. Als Ortrud den Schwan sieht, erkennt sie ihn und ruft aus, dass dies Gottfried, der eigentliche Erbe von Brabant, sei, den sie selbst in einen Schwan verwandelt hat. Lohengrin spricht daraufhin ein Gebet; die Gralstaube erscheint, und der Schwan erhält seine menschliche Gestalt als Elsas totgeglaubter Bruder zurück. Durch das Eingreifen des Grals hat Brabant somit nun wieder einen «Führer». Ortrud und Elsa sinken tot nieder, während Lohengrin in die Gralsburg entrückt wird. Zurück lässt er nur ein Horn, ein Schwert und einen Ring, die dem neuen Herzog und «Führer» als Erinnerungsstücke an den Schwanenritter und Garantie seiner Macht dienen sollen.

Die Legitimität der weltlichen Macht wird damit durch eine anderweltliche Instanz wiederhergestellt und auf Dauer gesichert. Diese Instanz ist grundsätzlich fern und unnahbar, kann aber durch die Gralsritter in die Welt der Menschen eingreifen, wenn deren Ordnung aus den Fugen gerät. Bedenkt man die politischen Implikationen eines solchen Weltbilds, so verwundert es nicht, dass *Lohengrin* von Adolf Hitler einige Jahrzehnte später begeistert rezipiert werden sollte; in *Mein Kampf* vermerkte er, dass ein Besuch dieser Oper bei ihm als Zwölfjährigem einen tiefen Eindruck hinterlassen und in ihm eine grenzenlose Begeisterung für Wagner geweckt habe. Zugleich war *Lohengrin* Wagners meistparodiertes Werk; die erste Persiflage, von Johann Nestroy, stammt bereits aus dem Jahr 1859. Insgesamt gilt die Oper aber als Wagners populärstes Musikdrama.

Den Stoff für sein «Bühnenweihfestspiel» *Parsifal* bezog Wagner in erster Linie aus dem *Parzival* Wolframs von Eschenbach. Die mittelalterliche Dichtung betrachtete Wagner allerdings auch in diesem Fall nicht als eine bindende Vorgabe; vielmehr war er der festen Überzeugung, den Gralsstoff besser verstanden zu haben als seine Vorlage. In einem Brief vom 30. Mai 1859 unterstrich er etwa mit Nachdruck, dass Wolfram von Eschenbach den eigentlichen Inhalt der Gralssage nicht im Entferntesten begriffen habe, und warf dem mittelalterlichen Dichter Unreife vor. Auch die eigentümliche Schreibung, die Wagner für den Namen des Helden verwendet, geht darauf zurück, dass Wagner die Parzival-Erzählung besser erfasst zu haben glaubte als Wolfram: Die Schreibweise *Parsifal* beruht auf einer zeitgenössischen, inzwischen hinfällig gewordenen Deutung, die den Namen des Gralsritters arabisch als *fal parsi* («reiner Tor») verstehen wollte. Wagner unterstreicht die Bedeutung des vermeintlichen Wortspiels für seine Interpretation der Erzählung, indem er es von der Figur der Kundry im Zweiten Akt ausdrücklich erklären lässt.

Die Handlung beginnt im Gebirge, am Fuß der Gralsburg Montsalvat. Dort werden bzw. wurden zwei Objekte aufbewahrt: die Gralslanze und der Gral selbst. Gegenpol zur Gralsburg ist der Garten des Zauberers Klingsor. Klingsor hatte selbst einst auf dem Pfad christlicher Heiligkeit nach dem Gral gestrebt, ihn aber nicht erlangen können, da er sich außerstande fand, seinen Geschlechtstrieb zu überwinden; daraufhin griff er zum drastischen Mittel der Selbstkastration, was aber wiederum als Fehlverhalten verdammt wurde und ihm den Zugang zum Gral endgültig unmöglich machte. Als Rache schuf er daher einen Zaubergarten voller verführerischer Frauen, die die Gralsritter von ihrem Weg abzubringen versuchen und dabei auch allzu oft erfolgreich sind. Als Amfortas, der Sohn des Gralskönigs Titurel, mit Hilfe des heiligen Speers dieser Gefahr ein Ende bereiten wollte, erlag er selbst den Reizen einer der Frauen des Zaubergartens; so konnte Klingsor ihm den Speer entreißen und ihn damit an der Seite verwunden. Da diese Wunde nicht heilt, wacht Amfortas, inzwischen selbst Gralskönig, unter dauernden Schmerzen über den Gral und wartet auf einen «reinen Tor», der «durch Mitleid wissend» ist und der allein ihn erlösen kann. Parsifal erreicht den Hain am Fuß der Gralsburg, als Amfortas dort eben in einem See badet. In der Hoffnung, dass Parsifal der «reine Tor» ist, den die Gralsburg erwartet, bringt der Gralsritter Gurnemanz ihn in die Gralsburg; der unerfahrene Parsifal versäumt es jedoch im entscheidenden Augenblick, die richtige Frage zu stellen. Amfortas bleibt so unerlöst, und Parsifal wird hinausgeworfen. Auf seinem weiteren Weg gelangt Parsifal nun in den Garten des Klingsor. Dieser will ihn zugrunde richten, und dazu soll ihm die ambivalente Verführerin Kundry dienen. Diese Kundry steht unter einem Fluch, seit sie den Heiland am Kreuz ausgelacht hat, und ist nun hin- und hergerissen zwischen der sündhaft-sinnlichen Welt des Klingsor und der reinen Welt des Grals: Einerseits kann sie ihre Sündhaftigkeit und die Macht des Zauberers, der ihr gebietet, nicht überwinden, andererseits strebt sie nach Erlösung. So dient sie unter Zwang Klingsor, aber wann immer sie Gelegenheit hat, sühnt sie ihre Schuld, indem sie den Gralsrittern Dienste erweist; so unternimmt sie etwa weite Reisen auf der Suche nach einer Medizin, die Amfortas' Leiden lindert. Der Gralsritter Gurnemanz erklärt ihr Verhalten damit, dass sie vielleicht noch Schuld aus früheren Leben abbüßen müsse. Endgültige Erlösung wird Kundry jedoch erst finden, wenn sie auf einen Mann trifft, den sie zu verführen versucht und der ihren Künsten dennoch widerstehen kann – und ebendiesen Mann trifft sie in Parsifal. Von Klingsors Zauberkräften dazu gezwungen, versucht sie, Parsifal zu umgarnen. Sie überbringt ihm die Nachricht vom Tod seiner Mutter, die nach Parsifals Weggang an Kummer gestorben war, und als sie den trauernden jungen Mann tröstet, gibt sie ihm einen Kuss. Dieser Kuss hat jedoch weitreichende Folgen, da Parsifal durch ihn Erkenntnis erlangt: Er versteht nun das Leiden des Amfortas und das Verlangen des Grals, nicht mehr in sündigen Händen sein zu wollen. So ist Kundrys Verführungsversuch gescheitert, und Parsifal stößt sie von sich. Sie erkennt ihn nun als den Mann, der sie erlösen kann, und bittet ihn um seine (körperliche) Liebe; er aber weist sie energisch zurück. Er bietet ihr die Erlösung an, wenn sie ihm den Weg zu Amfortas weist, aber dies erzürnt sie dermaßen, dass sie ihn zu einer Irrwanderung verflucht und Klingsor herbeiruft; dieser versucht Parsifal mit dem heiligen Speer zu töten. Als Klingsor die Waffe nach ihm wirft, bleibt diese jedoch in der Luft über Parsifals Kopf schwebend stehen. Parsifal nimmt den Speer an sich und schlägt damit das Kreuzeszeichen, worauf Klingsors Garten zu einer Einöde verdorrt und seine Burg durch ein Erdbeben versinkt. Hierauf folgt ein Zeitsprung.

Die nächste Szene spielt sich viele Jahre nach diesen Ereignissen ab. Parsifal ist offenbar eine lange Zeit auf der Suche nach der

Gralsburg in die Irre gegangen, bis er sie schließlich doch wiedergefunden hat. In der Zwischenzeit hat Amfortas' dauernder Schmerz diesen Gralskönig zu einem drastischen Mittel getrieben: Um endlich sterben zu können, hat er aufgehört, den Gral zum Gralsritual aus seinem Schrein zu nehmen – denn solange man den Gral erschaut, kann man nicht sterben. Die ganze Gemeinschaft der Gralsritter ist so vom Alter eingeholt worden und hat ihre Kraft verloren. Amfortas' Vater Titurel ist sogar gestorben; seine Bestattung wird gerade vorbereitet, und für dieses Ritual will Amfortas, der sich zutiefst schuldig fühlt, den Gral wieder enthüllen. Nun trifft jedoch Parsifal auf den Gralsritter Gurnemanz und die reuige Kundry, die eben aus einem todesgleichen Schlaf aufgewacht ist. Kundry wäscht Parsifal die Füße, und Gurnemanz wäscht sein Haupt, womit er Parsifal von jeder Schuld freispricht; danach salben sie ihn zum König. Parsifal schöpft daraufhin etwas Wasser und tauft Kundry. Es folgt eine Rede über die Erlösung des Menschen durch den Kreuzestod Jesu, ehe Kundry und Gurnemanz Parsifal zur Gralsburg begleiten. Dort treten sie inmitten eines Aufruhrs ein, als Amfortas gerade von den Gralsrittern verlangt, ihn zu töten und so zu erlösen. Parsifal heilt nun jedoch die Wunde, die Amfortas quält, indem er seine verletzte Seite mit der Spitze des heiligen Speers berührt; zugleich verkündet er ihm, dass er nun entsündigt sei und Parsifal jetzt sein Amt übernehme. Alle blicken entzückt auf den blutenden Speer. Parsifal nimmt den Gral aus seinem Schrein und betrachtet ihn kniend; dabei glüht er in seinen Händen auf. Eine weiße Taube senkt sich auf die Szene nieder, bis sie über Parsifals Kopf schwebt. Der Chor aller Versammelten schließt die Oper mit den Worten, dass nun «Erlösung dem Erlöser» zuteilgeworden sei. Im Angesicht dieses Wunders stirbt Kundry, Amfortas und Gurnemanz huldigen dem neuen Gralskönig, und Parsifal segnet die versammelten Ritter mit dem Gral.

Wagner beschreibt den Gral im *Parsifal* als das Trinkgefäß, das Jesus beim letzten Abendmahl verwendete und das das Blut auffing, das am Kreuz aus der Wunde an seiner Seite floss; den

Gralsspeer setzt er mit der Longinuslanze gleich, die Jesus ebendiese Wunde zufügte. Wagners Gralsburg kann nur von einem Menschen gefunden werden, der von Sünde frei ist, und beherbergt eine Gemeinschaft von Rittern, die durch die Wunderkräfte des Grals ein übernatürlich verlängertes Leben erhalten. Die Beschreibung der Gralszeremonie in der Burg, durch die den Gralsrittern diese Lebenskraft vermittelt wird, lehnt sich eng an das Ritual der Messe an. Die Assoziation von Gralszeremonie und Messe wurde in der konkreten Aufführungssituation noch durch das Bühnenbild verstärkt: Das Innere der Gralsburg wurde bei der Uraufführung des *Parsifal* in Anlehnung an den Innenraum des Doms von Siena gestaltet. Wagners Darstellung des Grals weicht damit in wesentlichen Elementen von derjenigen in Wolframs *Parzival* ab: Bei Wolfram war der Gral ein Stein, der einen Überfluss an Nahrung spendete, und eine jede Verbindung mit dem christlichen Ritual wurde von ihm sorgfältig vermieden. Während Wolfram von Eschenbach den Gral somit demythisierte, indem er ihn seiner konkreten religiösen Bedeutung entkleidete, kehrte Wagner wieder zur religiösen Interpretation des Grals als Abendmahlsgefäß und des Gralsspeers als Longinuslanze zurück, die Robert de Boron begründet hatte.

Diese Neuaufladung des Grals mit religiösem Sinn war jedoch keine rein traditionell-christliche. In der merkwürdigen Schlussformel der Oper, in der davon die Rede ist, wie «Erlösung dem Erlöser» zuteilwird, ist etwa wiederholt eine Rezeption gnostischen Gedankenguts gesehen worden. In der spezifischen Art, wie Wagner das Thema des Mitleids handhabt, sowie in der extremen Ablehnung des Geschlechtslebens, die die Oper zum Ausdruck bringt, hat man einen Einfluss der Philosophie Schopenhauers gesehen. Besonders bemerkenswert ist ferner die Darstellung der Figur der Kundry, denn deren Schilderung greift explizit Vorstellungen einer Reinkarnation auf. Ein solcher Wiedergeburtsglaube, obwohl unvereinbar mit dem Dogma der Amtskirchen, etablierte sich in Westeuropa seit dem 19. Jahrhundert als ein de facto fester Bestandteil der Gegenwartsreligiosität und spielt für die Rezeption des Gralsmythos auch in jüngster Zeit immer wieder eine zentrale Rolle; auf entsprechende Behandlungen des Gralsthemas etwa durch Kate Mosse und Marion Zimmer Bradley wird noch zurückzukommen sein. Wagners *Parsifal*, auf den ersten Blick ein extrem konservativ-christliches Werk, zeigt sich bei genauerer Betrachtung somit als ein Reflex breiterer philosophisch-religiöser Strömungen seiner Zeit, das auch im Grunde alternativreligiöse Entwicklungen widerspiegelt. Im Fall Wagners ist dies nicht zuletzt deshalb interessant, weil er der Kunst in seinen Schriften zur Kunst ausdrücklich eine religiöse Funktion zugeschrieben hat, die er den zeitgenössischen Kirchen nicht mehr zutraute: Wagner glaubte, dass es in seiner Zeit gerade die Kunst sei, der die Aufgabe obliege, die Symbole des Mythos darzustellen und dem Publikum die Bedeutung dieser Symbole verständlich zu machen. Bei einer solchen Auffassung wird die Kunst zum zentralen Ausdrucksmittel der Religion und selbst zutiefst religiös, sogar religionsstiftend. Gerade sein *Parsifal* sollte in diesem Sinne eine bemerkenswerte Wirkung entfalten.

Unmittelbar vor Ort in Wagners Wirkungsstätte Bayreuth wurde der *Parsifal* etwa vom sogenannten Bayreuther Kreis und seiner Zeitschrift *Bayreuther Blätter* als religiöses oder quasireligiöses Werk rezipiert – und dies mit einem massiv völkischen Grundtenor. Das Spektrum der dort vertretenen Zugangsweisen zum Gralsmythos reichte von einer Einordnung in ein «deutsches» oder «arisches» Christentum, das man von allem «Jüdischen» bereinigen wollte (wobei man sich sogar so weit verstieg, Jesus nicht als Juden, sondern als Arier zu deuten), bis hin zu einer Interpretation des Grals als heiliges Gefäß der Religion des Mesolithikums. Im Denken des bayerischen Königs Ludwig II. verband Wagners Bearbeitung des Gralsmythos sich mit einer rückwärtsgewandten, letztlich zum Scheitern verurteilten Ideologie eines eigentlich mythischen Königtums; Ludwig ließ diese Ideologie in seinem unmittelbaren Umfeld in Szene setzen, indem er zentrale Räume seines «Märchenschlosses» Neuschwanstein mit Szenen und Motiven aus dem *Parsifal* und der mittelalterlichen Fassung der Lohengrin-Sage schmücken ließ. In den Jahren bis zum Zweiten Weltkrieg nahm sich ferner eine Vielzahl von Autoren völkisch geprägter Romane und okkultistischen, neopaganen und deutschchristlichen Bewegungen des Themas an und verwendete den Gral als Projektionsfläche für ihre jeweiligen weltanschaulichen Konzepte. Exemplarisch herausgegriffen sei aus der Zeit der Jahrhundertwende hier nur ein besonders einflussreicher Autor: Rudolf Steiner.

Rudolf Steiner (1861–1925) engagierte sich zunächst lange intensiv in der deutschen Theosophie. Die Theosophische Gesellschaft, die für die Entwicklung des modernen Okkultismus eine zentrale Rolle spielte, war im Jahr 1875 in New York unter anderem von Helena Petrovna Blavatsky und Henry Steel Olcott gegründet worden. Spätestens ab den 1880er Jahren hatte die Theosophie auch in Deutschland Fuß gefasst. Steiner hielt seit dem Jahr 1900 Vorträge zu theosophischen Themen und wurde 1902 Generalsekretär der Deutschen Sektion der Theosophischen Gesellschaft Adyar. Er war jedoch vor allem an einer westlich orientierten Spiritualität interessiert, während die Hauptströmung der internationalen Theosophie eher auf Indien hin ausgerichtet war. Die Differenzen wurden schließlich so groß, dass Steiner sich von der Theosophischen Gesellschaft lossagte und 1912 die Anthroposophische Gesellschaft gründete. Heute stellen die von Steiner begründeten Waldorfschulen wohl sein bekanntestes Erbe dar; weniger bekannt ist, dass er sich auch intensiv mit dem Gralsmythos beschäftigte.

Steiners Interesse am Gral war zunächst stark durch das Werk Wagners vermittelt; damit ist es typisch für die deutsche Gralsrezeption seiner Tage. In frühen Vorträgen zum Gral befasste Steiner sich mit der Interpretation von Wagners Opern zu diesem Stoff und baute dabei auf der Annahme auf, dass Wagners Werk als Schlüssel dienen könne, um den eigentlichen Kern der Lohengrin- und Parzival-Erzählungen herauszuarbeiten. Wie schon bei Wagner selbst treten die ursprünglichen mittelalterlichen Gralstexte hinter dem Bayreuther Musikdrama zurück. Auf dieser Grundlage deutete Steiner die Figur des Lohengrin in einem Vortrag aus dem Jahr 1905 als vom Gral gesandten Kulturheros, der den Prozess der mittelalterlichen Städtegründung und damit einen wesentlichen Fortschritt in der Geschichte der Menschheit eingeleitet habe. Der Gral wird damit zum symbolischen Katalysator für die Aufwärtsentwicklung der Menschheit. Steiner setzte sich in seinem extrem umfangreichen Werk immer wieder mit dem Thema des Grals auseinander und wählte dabei sehr unterschiedliche, auch hochgradig metaphorische Zugänge. Zumindest ein Teil seiner Deutungen des Gralsmythos suggeriert jedoch eine reale Existenz übernatürlicher Entitäten (der «großen Eingeweihten», «Erzengel» u. Ä.), die in die Geschicke der Menschheit eingreifen und wesentliche Sprünge in der menschlichen Entwicklung herbeiführen. In einem Vortrag aus dem Jahr 1910 sah Steiner die historische Leistung der Kelten darin, unter Anleitung durch einen «Erzengel» ein esoterisches Christentum inspiriert zu haben, das durch die «Geheimnisse des heiligen Gral[s]» fortwirken sollte. In einem 1922 gehaltenen Vortrag sprach er an, wie besonders herausragende Personen der Auffassung mittelalterlicher Menschen zufolge nach ihrem Tod zu Hütern des Heiligen Grals bestellt worden seien; dabei macht der Gesamtbogen des Vortrags deutlich, dass Steiner das dieser Auffassung zugrunde liegende (vermeintliche) mittelalterliche «atavistische Hellsehen» als moderner naturwissenschaftlicher Erkenntnis überlegen betrachtete. In einem Gespräch mit Johanna Gräfin Keyserlingk soll Steiner sogar ausdrücklich die reale Existenz der Gralsburg in der «ätherischen» Welt vertreten und die Ansicht geäußert haben, dass es mit entsprechender okkulter Ausbildung möglich sei, sie geistig zu erreichen.

Im alternativreligiösen Rahmen von Steiners Werk kommt es so zu einer Wiedergeburt der religiösen Bedeutung des Grals in einem erstaunlich konkreten Sinn. Dabei erhält der übernatürliche Kosmos des Grals einen Grad an ontologischer Realität, wie er seit den Tagen des (rekonstruierten) keltischen Mythos nicht mehr Teil eines mehrheitsfähigen religiösen Weltbilds gewesen sein dürfte – immerhin haben die christlichen Kirchen den Gral nie als eine «reale» Passionsreliquie anerkannt. Obwohl vermittelt durch Kunst und Literatur, findet der Gralsmythos in einem solchen Weltbild plötzlich wieder einen Platz in der Wirklichkeit jenseits des bloß künstlerisch-literarischen Bereichs. In den Jahren um die Jahrhundertwende, scheint es, ist der Gral ganz konkret in die Welt zurückgekehrt, und diese Rückkehr sollte ein Leitmotiv seiner Rezeption im 20. Jahrhundert darstellen. Ein weiteres Beispiel für einen solchermaßen realen Gral sollte zwischen den beiden Weltkriegen sogar zu einer Suche nach dem Gral in den Pyrenäen führen. Im Zentrum dieser Suche stand die Figur des Otto Rahn.

4. Zwischen Wiederkehr des Mythos und Trivialisierung: der Gral vom 20. Jahrhundert bis in die Gegenwart

Gralssucher, Nationalsozialisten und Katharer: Otto Rahn und der Gral in den Pyrenäen

In den Jahren, die auf den Zweiten Weltkrieg hinführten, nahm die Rezeption des Gralsmythos in Deutschland gerade im völkischen Milieu eigentümlich lebhafte und konkrete Formen an. Dies betraf selbst Teile der obersten Führungsriege des NS-Machtapparats. So ist von Adolf Hitler der Ausspruch überliefert: «Aus Parsifal baue ich mir meine Religion.» Die Bearbeitung des Gralsmythos im Bayreuther Musikdrama erscheint hier als fundamental für Hitlers Weltanschauung. Die enorme Bedeutung, die der «Führer» Wagners «Bühnenweihfestspiel» über den Gral zuschrieb, spiegelte sich auch in Plänen, dieses Musikdrama nach dem «Endsieg» zum Herzstück einer gewaltigen Siegesfeier zu machen. Solche während des Krieges entwickelten Pläne hatten schon in den Jahren vor dessen Ausbruch Vorläufer. So zeigt ein Propagandaplakat aus dem Jahr 1936 Hitler als mittelalterlichen Ritter im Plattenharnisch und mit einem Hakenkreuzbanner in der Hand; dieses Plakat stilisierte ihn zu einem modernen Gralsritter Parsifal und damit zu einer Erlöserfigur mit religiös-mythischen Untertönen. Auch in der Architektur des NS-Regimes wurde möglicherweise mit dem Gralsmythos gespielt: In der ab 1934 zur Verwendung durch die SS umgebauten Wewelsburg bei Paderborn wurden ein Raum als «Gral» benannt und ein runder Saal eingerichtet, der das Bühnenbild der Parsifal-Uraufführung von 1882 evozieren könnte. Die Anlage wurde möglicherweise von Vorstellungen von der Errichtung einer neuen, deutschen Gralsburg beeinflusst, die seit der Jahrhundertwende im völkisch-okkultistischen Milieu virulent waren.

Der Umbau der Wewelsburg war eines der Lieblingsprojekte

Heinrich Himmlers, des «Reichsführers SS», dessen Machtposition nur hinter derjenigen Hitlers zurückstand. Seine Faszination für den Gral war vielleicht noch größer als die von Hitler selbst und hatte für die Geschichte des Gralsmythos in jedem Fall eine wesentlich größere Bedeutung; denn mit dem Gralssucher Otto Rahn machte Himmler einen Mann zu seinem Protegé, dessen Obsession in der Rezeptionsgeschichte dieses Mythos bis zum heutigen Tag nachhallt.

Otto Rahn, geboren 1904 im Odenwald, stammte aus einem sehr religiösen protestantischen Elternhaus. Bereits als Gymnasiast begeisterte er sich für das Thema der mittelalterlichen Ketzerbewegungen, eine Faszination, die seinen ganzen Lebensweg prägen sollte. Nach dem Abitur begann er zunächst ein Studium der Rechtswissenschaften, das er jedoch nicht abschloss. Auch ein Studium der Philologie, das er einige Jahre später begann, brach er ab. In Paris kam er 1930 mit einem Literatenkreis in Kontakt, dem auch der esoterische Schriftsteller Maurice Magre angehörte. Magre scheint Rahn darin bestärkt oder ihm sogar die Anregung dazu gegeben zu haben, die mittelalterliche religiöse Reformbewegung der Katharer mit dem Heiligen Gral zu verbinden. Ansätze hierzu hatten sich schon in Jessie L. Westons Buch *From Ritual to Romance* aus dem Jahr 1920 gefunden, auf das noch einzugehen sein wird, und in Frankreich war die Vorstellung einer Verbindung zwischen den Katharern und dem Gral ein relativ weitverbreitetes Element einer Mythologisierung dieser Bewegung, die ab den 1870er Jahren einsetzte. Kaum eine Biographie wurde von dieser Idee jedoch so geprägt wie diejenige Rahns.

Rahn baute sich in Frankreich ein weites Netz von Beziehungen auf. Zentral war insbesondere die südfranzösische Gräfin Miryanne de Pujol-Murat, die sich selbst als Reinkarnation einer wichtigen Katharer-Führerin des 12./13. Jahrhunderts betrachtete und Rahn materiell unterstützte. Geographisch waren für Rahn die Pyrenäen und hier vor allem die Festung Montségur der Dreh- und Angelpunkt seiner Forschung. Er identifizierte Montségur mit Munsalvaesche, der Gralsburg Wolframs von Eschenbach; diese Gleichsetzung ist sprachlich falsch, aber

Abb. 4: Montségur in den französischen Pyrenäen.

typisch für die Argumentationsweise in der esoterischen und völkischen Szene jener Tage. Die Idee geht wohl auf einen französischen Roman aus dem Jahr 1900 zurück, der seinerseits auf Wagners *Parsifal* aufbaut; aus der künstlerischen Fiktion wurde bei Rahn dann vermeintliche Wirklichkeit.

Montségur ist heute und war schon zu Rahns Zeiten vor allem als ein letzter Rückzugsort der Katharer bekannt. Die Mitglieder dieser mittelalterlichen religiösen Reformbewegung, auch «Albigenser» genannt, hatten im frühen 13. Jahrhundert in Südfrankreich eine so starke Stellung erlangt, dass Papst Innozenz III. im Jahr 1209 zu einem Kreuzzug gegen jene «Ketzer» aufrief – dieser deutsche Begriff leitet sich direkt vom Namen «Katharer» her. Der sogenannte Albigenserkreuzzug führte zur Besetzung Südfrankreichs und zu einer massiven Schwächung der Bewegung; danach wurde die Verfolgung der Katharer in die Hände der Inquisition übergeben. Nach einem letzten Aufstand gegen Besetzung und religiöse Verfolgung verschanzten sich wichtige Führer der Katharer 1243 in der Festung Montségur. Diese Burg konnte einem übermächtigen Belagerungsheer für zehn Monate Widerstand leisten, ihre Verteidiger mussten am Ende aber kapitulieren. Allen, die dem Katharismus abschworen, wurde freier Abzug gewährt; zweihundert Katharer zogen jedoch den Tod auf dem Scheiterhaufen einer Unterwerfung unter die katholische Kirche vor.

Rahn war davon überzeugt, dass der Kern des Katharismus in der Verehrung des Heiligen Grals bestanden habe, für ihn war der Glaube der Katharer schlechthin die Religion des Grals. Seiner Meinung nach hatte der Gral zum Schatz der Katharer gehört und sich während der Belagerung 1243/44 in Montségur befunden; er sei mit der Kapitulation der Burg jedoch nicht in die Hände der Belagerer gefallen, da ihn, als die Lage aussichtslos wurde, eine Handvoll wagemutiger Katharer nach draußen geschmuggelt habe. Tatsächlich gibt es historische Hinweise darauf, dass der Belagerungsring um Montségur bis kurz vor dem Ende nicht völlig undurchdringlich war; die weitreichenden Interpretationen Rahns hingegen sind letztlich Produkte seiner Fantasie. Rahns Methode war ein unmittelbares Vertrauen in seine Intuition: Was ihm denkbar schien, das entsprach für ihn der Wahrheit, und ein unerschütterlicher Glaube an die eigenen Ideen trat an die Stelle kritischer Analyse. Selbst offensichtliche interne Widersprüche in seiner Argumentation waren für ihn kein Problem. So interpretierte er Wolframs *Parzival* im Hinblick auf den Fall von Montségur – obwohl der *Parzival*, wie Rahn selbst wusste und offen zugab, dreißig Jahre vor diesem Ereignis abgefasst wurde. Rahn war von solchen rationalen Überlegungen jedoch unbeeindruckt und fest von der Richtigkeit seiner Hypothesen zum Gral überzeugt: Seiner Auffassung nach war der Gral wirklich, er war ein Symbol der Katharer und eine Reliquie des Katharismus. Spezifisch deutete er den Gral als einen «vom Himmel gefallenen Stein», indem er die obskure Phrase *lapsit exillis*, die sich bei Wolfram findet (siehe S. 56), zu *lapis ex coelis* «korrigierte». Dieser Gral sei nach dem Fall von Montségur irgendwo in einer der vielen Höhlen in den Bergen der Region versteckt worden. Entsprechend verbrachte Rahn einen großen Teil seiner Zeit in Südfrankreich mit Expeditionen in die Höhlenwelt der Pyrenäen, immer auf der Jagd nach dem Gral. Um langfristig in den Pyrenäen bleiben zu können, versuchte er, sich als Hotelier zu etablieren und sich so vor Ort eine Existenz aufzubauen, was jedoch scheiterte: 1932 pachtete er ein Hotel in Ussat-les-Bains, in unmittelbarer Nähe der steinzeitlichen Bilderhöhle von Niaux. Dieser Ausflug ins Hotelgewerbe endete binnen weniger Monate mit Rahns Bankrott, was zu seiner Verhaftung und Ausweisung aus Frankreich führte. Ins Land seiner Gralsträume sollte er danach nie wieder zurückkehren.

Das Ende von Rahns Jagd nach dem Heiligen Gral in Frankreich bedeutete jedoch nicht das Ende seiner Auseinandersetzung mit dem Gralsmythos. Im folgenden Jahr, 1933, veröffentlichte er sein erstes und wirkmächtigstes Buch: *Kreuzzug gegen den Gral*. Durch dieses Buch wurde Karl Maria Wiligut auf Rahn aufmerksam. Wiligut war ein österreichischer Okkultist und völkischer Phantast, der den Anspruch erhob, durch «Erberinnerung» direkten Zugang zur germanischen Vorgeschichte zu haben. In den 30er Jahren fungierte er als der persönliche Berater Heinrich Himmlers in okkulten Fragen und übte so einen massiven Einfluss aus, bis er aufgrund der exzessiven Absurdität seiner Phantastereien und verschiedener Skandale, die u.a. mit Wiliguts dokumentierter psychischer Krankengeschichte verbunden waren, im Jahr 1938 von Himmler all seiner offiziellen Ämter enthoben wurde. Zuvor, 1935, hatte Rahn, dessen finanzielle Situation bis dahin meist zwischen prekär und desaströs geschwankt hatte, durch Wiligut die Möglichkeit einer festen Anstellung als Referent in dessen Abteilung im «Rasse- und Siedlungshauptamt» erhalten. Rahns Entscheidung, dieses Angebot anzunehmen, mag zunächst primär opportunistisch motiviert gewesen sein; in jedem Fall gehörte er nun jedoch zum persönlichen Stab Himmlers und trat in den folgenden Jahren der SS und der NSDAP bei. Direkt für Himmler wurde er durch die Arbeit an der Erstellung von dessen Ahnennachweis tätig, woraus sich ein Vertrauensverhältnis zwischen den beiden entwickelte.

Himmler förderte daraufhin Rahns zweites Buch *Luzifers Hofgesind: Eine Reise zu Europas guten Geistern* (1937). Hierbei handelt es sich um ein Reisetagebuch, das sich aus einer

Perspektive, die mit der Parteilinie der NSDAP komplett gleichgeschaltet ist, mit häretischen Bewegungen in verschiedenen Teilen Europas auseinandersetzt. Das Werk wiederholt die Gleichsetzung von Montségur mit der Gralsburg aus Wolframs *Parzival*; anders als noch der *Kreuzzug gegen den Gral* ist dieser Text jedoch von einem aggressiven Antisemitismus durchdrungen. So sieht Rahn die häretische Bewegung der Katharer etwa als der römischen Kirche überlegen an, weil in ihrem Zentrum eine (von Rahn tatsächlich großgeschriebene) «Arische Kraft» stehe statt einer «jüdische[n] Mythologie». Bezeichnend ist bereits das Schopenhauer-Zitat, das Rahn seinem Text als Motto voranstellt: Es drückt die Hoffnung aus, dass Europa von «jüdischer Mythologie» gereinigt werden möge – dieses Zitat wird von manchen neueren Nachdrucken unterschlagen. Der Katharismus wird in Rahns Werk als eine mögliche Alternative zu einem romorientierten Katholizismus präsentiert, da für den Katharismus eine solche «Reinigung» von «jüdischen» Elementen nicht nötig sei. Den Gral deutet Rahn auch in diesem Buch als einen Stein und ein Symbol der Katharer, jetzt forciert er jedoch den weiteren Interpretationsschritt, diesen Stein als einen Edelstein zu deuten, der beim Fall Luzifers aus dessen Krone gebrochen sei – Luzifer, den «Licht-Bringer» (aus lateinisch *lux* und *ferre*), deutet er dabei positiv um. (Die Verbindung des Grals mit einem aus Luzifers Krone gebrochenen Stein findet sich schon in der mittelhochdeutschen «Wartburgkrieg»-Liedersammlung und wurde auch von Rudolf Steiner mitunter herangezogen.) Rahn radikalisiert seine früheren Positionen hier in dezidiert antikatholischer und antijüdischer Weise. Er versucht jetzt sogar, den Gral zu «arisieren», indem er das Wort «Gral» aus dem Persischen erklärt: Aus sprachwissenschaftlicher Sicht ist das Persische die arische Sprache schlechthin, da es sich beim Begriff «arisch» um ein Lehnwort aus dem Persischen handelt, das eigentlich Sprecher des Persischen bezeichnet. Rahn versteigt sich ferner zu grotesken und erneut ganz in der NS-Ideologie verwurzelten Phantastereien wie der Behauptung, dass die südfranzösische, die persische und die isländische Literatur alle «aus dem gleichen Urbronn geschöpft» hätten, nämlich «dem nordischen Weistum»; die nordische Götterburg Asgard erklärt er entsprechend als mit der Gralsburg identisch. Als *Luzifers Hofgesind* erschien, war Rahn offenbar kein bloßer opportunistischer Mitläufer des Regimes mehr, sondern ein gläubiger Anhänger. Himmlers Wertschätzung des Buches ging so weit, dass er für seinen persönlichen Gebrauch eine Sonderauflage in besonders prächtiger Ausstattung herstellen ließ, von der er dem «Führer» 1937 ein Exemplar zu dessen Geburtstag schenkte. Rahn war im Herzen der nationalsozialistischen Bewegung angekommen.

Schon wenig später sollte ihm seine Position im NS-Apparat jedoch zum Verhängnis werden. Als Disziplinarmaßnahme aufgrund (zumindest auch) zu großen Alkoholkonsums wurde Rahn 1937 für vier Monate zu den Wachmannschaften des KZs Dachau abkommandiert, nach weiteren Problemen folgte eine Abkommandierung in das KZ Buchenwald. Als schließlich auch noch öffentlich wurde, dass Rahn homosexuell war, ersuchte er 1939 um die Entlassung aus der SS. Diesem Gesuch wurde stattgegeben. Im März 1939 nahm Rahn in den Tiroler Alpen Gift; Berichte von Zeitzeugen legen nahe, dass er vor die Wahl zwischen Selbstmord oder Internierung im Konzentrationslager gestellt worden war. Himmler nahm Rahn posthum wieder in die SS auf und förderte weiterhin die Verbreitung seiner Bücher. Selbst noch 1943, nach Ausbruch des Krieges und Jahre nach Rahns Tod, unterstützte er Pläne für eine Neuauflage von *Luzifers Hofgesind* und stellte eigens Papier für 10000 Exemplare sicher. Diese Neuauflage kam nicht mehr zustande, da der Verlag vor Abschluss der Druckarbeiten ausgebombt wurde. Ebenso scheiterte ein weiterer staatlicher Nachdruck 1944. Dass dieser Versuch so kurz vor der absehbaren Niederlage überhaupt noch unternommen wurde, illustriert wie kaum etwas anderes die Bedeutung, die Himmler *Luzifers Hofgesind* als nationalsozialistischem Propagandawerk beimaß.

Trotz dieser tiefen Verwurzelung in der NS-Ideologie lebt Rahns literarisches Erbe jedoch bis heute weiter. Sowohl der schwärmerische *Kreuzzug gegen den Gral* als auch das zutiefst nationalsozialistische *Luzifers Hofgesind* wurden nach dem

Krieg mehrfach neu aufgelegt; selbst nach der Jahrtausendwende brachte ein Kleinverlag Rahns Bücher noch neu heraus. Auch englische Übersetzungen beider Werke existieren. Schon 1934 erschien ferner eine französische Übersetzung des *Kreuzzugs*, die noch vor wenigen Jahren neu aufgelegt wurde; *Luzifers Hofgesind* wurde 1976 ins Französische übersetzt. Als Vorkämpfer einer «okzitanischen Renaissance» ist Rahn in Frankreich vermutlich sogar bekannter als in Deutschland. Im kleinen Museum des Dorfs Montségur hängt sein Bild in der Ehrentafel der besonders verdienten Erforscher der Festung Montségur. Dies dürfte Rahn zum einzigen SS-Offizier machen, der in einem französischen Museum geehrt wird.

Dieses Fortleben Rahns in Südfrankreich hat auch auf das Werk der britischen Schriftstellerin Kate Mosse (geb. 1961) eingewirkt, auch wenn diese Autorin die Idee einer Verbindung des Grals mit Südfrankreich signifikant anders handhabt als Rahn. Mosse ist eine der erfolgreichsten Gralsautorinnen der Gegenwart: Die Romane ihrer Languedoc-Trilogie, in denen der Gral eine Schlüsselrolle spielt, wurden bis dato in 38 Sprachen übersetzt. Der Durchbruch gelang Mosse im Jahr 2005 mit dem ersten dieser drei Bücher, *Labyrinth* (dt. *Das verlorene Labyrinth*; verfilmt 2012). *Labyrinth* spielt auf zwei Zeitebenen: im frühen 13. Jahrhundert zur Zeit der Kreuzzüge gegen die Albigenser und in der Gegenwart des Jahres 2005. Diese beiden Zeitebenen werden eng miteinander verwoben, indem sie sich dieselben Handlungsorte teilen – insbesondere die südfranzösische Stadt Carcassonne – und indem Kernpersonen der Erzählung einander spiegeln, sich in ihren Namen entsprechen und sich durch diffuse, achthundert Jahre überspannende Erinnerungen direkt miteinander verbunden fühlen. So erscheint die Heldin des mittelalterlichen Erzählstrangs, Alaïs Pelletier, regelmäßig in den Träumen von Alice Tanner, der Hauptprotagonistin des in der Gegenwart spielenden Teils der Erzählung; mitunter steigert sich Alaïs' Präsenz in Alice' Leben sogar bis hin zu Déjà-vus von überwältigender Intensität. Die Verbindung zwischen den beiden Frauen wird im Verlauf der Handlung genealogisch erklärt, da Alice sich als eine direkte Nachfahrin von Alaïs her-

Abb. 5: Die mittelalterlichen Mauern von Carcassonne.

ausstellt; zugleich wird wiederholt eine Wiedergeburtsthematik angedeutet. Die Verbindungslinien zwischen dem 13. und dem 21. Jahrhundert umfassen zudem einige der Personen im Umfeld und auf Seiten der Widersacher der beiden Heldinnen, die den Gral entweder für sich gewinnen oder vernichten wollen, da sie ihn als eine ketzerische Verletzung katholischen Dogmas betrachten. Ein noch konkreteres Bindeglied zwischen den beiden Zeitebenen stellt ferner die Figur des Sajhë bzw. Audric S. Baillard dar: Im mittelalterlichen Erzählstrang ist Sajhë ein jüngerer Zeitgenosse von Alaïs, der durch den Gral ein um viele Jahrhunderte verlängertes Leben erhält. So kann er als alter Mann unter dem Namen Audric Baillard Alice Tanner begegnen und ihr helfen, die Ereignisse des 13. Jahrhunderts neu durchzuspielen, diesmal jedoch zu einem glücklichen Ende zu bringen.

Der Gral erscheint in *Labyrinth* als ein Spender zwar nicht ewigen, aber doch weit über das normale menschliche Maß hinaus verlängerten Lebens. Der Ursprung des Grals wird im alten Ägypten gesucht: Dort hätten Priester eine Methode entdeckt, mit Hilfe eines auf eine bestimmte Art hergestellten

Tranks in Verbindung mit einem Ritual und einer Beschwörung das Leben eines Menschen auf eine Lebensspanne von etwa acht Jahrhunderten zu verlängern. In der Erzählwelt des Romans wird dieses Geheimnis für Jahrtausende von einem geheimen Orden von Gralshütern bewahrt und nur in einzelnen Fällen zur Anwendung gebracht, um ausgewählten Personen zu erlauben, für die Nachwelt von den Verbrechen Zeugnis abzulegen, die Menschen gegen ihre Mitmenschen verüben können; so wird etwa das jahrhundertelange Leben der alttestamentlichen Patriarchen erklärt. Die Aufgabe Sajhës bzw. Audric Baillards, für die er sein verlängertes Leben erhalten hat, besteht darin, die Erinnerung an das Grauen des Albigenserkreuzzugs vor dem Vergessen zu bewahren und so den Unterdrückten und Verfolgten des Languedoc eine Stimme in der Geschichte zu sichern. Die Beschreibungen des Grals in der altfranzösischen Literatur des Mittelalters werden als eine Schöpfung des Ordens der Gralshüter erklärt; sie hätten den Zweck, vom echten Gral abzulenken. Kate Mosse wendet in ihrem Roman somit den Kunstgriff an, nicht die mittelalterliche Gralsliteratur nachzuerzählen, sondern die «wahre» Geschichte des Grals zu behandeln und zu schildern, wie die Dinge sich «eigentlich» (und eben anders als in den mittelalterlichen Texten) abgespielt hätten. Dies gibt ihr die Freiheit, sich in ihrer Darstellung des Grals von diesen Texten weitgehend unabhängig zu machen. Insbesondere löst sie sich vollständig vom Bild des Grals als dem Kelch des Letzten Abendmahls, das den Gral als spezifisch christliches Motiv charakterisieren würde. Dies ist zentral für die moralische Botschaft des Romans, der mit größtem Nachdruck religiöse Toleranz einfordert und jede Art von religiösem Fundamentalismus aufs Schärfste kritisiert. Die Heldinnen des Romans, Alaïs Pelletier und Alice Tanner, sind weitgehend areligiös, und die während des Albigenserkreuzzugs verfolgten Katharer werden als eine Glaubensbewegung idealisiert, die sich gerade durch ihre Toleranz ausgezeichnet habe. Dem steht als Kontrastfolie die fundamentalistische Intoleranz und die menschenverachtende Grausamkeit ihrer katholischen Verfolger gegenüber. Wiederholt wird betont, dass der Gral «allen Religionen und keiner» gehört und dass die Gemeinschaft der Gralshüter sich gleichermaßen aus Juden, Christen, Muslimen und Glaubenslosen zusammensetzt. Zugleich erlaubt die Trennung des Grals von den entsprechenden christlich-mittelalterlichen Texten, eine neue Bildlichkeit zu verwenden, die für ein kirchenfernes zeitgenössisches Publikum ansprechender ist als das Bild des Abendmahlskelchs: In Mosses Gralsschilderung treffen sich Ägyptenromantik (insbesondere das Anch-Symbol und die Verwendung von Hieroglyphen), das Motiv der von der Kirche verfolgten, heilkundigen «weisen Frau», das Labyrinth als zeitgenössisches Faszinosum und ein diffuser Wiedergeburtsglaube, während der Gralskelch nur noch eine untergeordnete Rolle spielt: Er ist lediglich das austauschbare Gefäß, aus dem tief im Inneren einer Kulthöhle der Gralstrank getrunken wird, um das Leben eines Zeitzeugen zu verlängern, der den Nachgeborenen von der Grausamkeit des Menschen gegen den Menschen berichten soll. Die Bedeutung der Katharer für die Erzählung, ein zeitweiliger Aufenthalt der Gralshüterin Alaïs in Montségur und die schlussendliche Auffindung des Grals in einer Höhle legen eine direkte oder indirekte Rezeption von Otto Rahns Gralstheorien nahe, auch wenn Rahn im ersten Roman der Languedoc-Trilogie noch nicht explizit genannt wird. Die Wiedergeburtsthematik erinnert besonders an die Gräfin Miryanne de Pujol-Murat, die Rahn in Südfrankreich unterstützte.

Im zweiten Band der Languedoc-Trilogie, *Sepulchre* (2007; dt. *Die achte Karte*), hat der Gral einen Gastauftritt, indem mit der Gralsrezeption in der aktuellen Bestsellerliteratur gespielt wird. In diesem Fall greift der Roman die Rolle des Orts Rennes-le-Château für zeitgenössische Gralsverschwörungstheorien auf. Rennes-le-Château spielt u.a. in Dan Browns *Da Vinci Code* eine zentrale Rolle bei der Entwicklung der Verschwörungstheorie, die im Gral die Blutlinie Jesu Christi sehen will: In Rennes-le-Château seien im Jahr 1891 vom lokalen Priester Bérenger Saunière Pergamente gefunden worden, die belegen sollten, dass Jesus nicht zölibatär lebte, sondern mit Maria Magdalena verheiratet war und mit ihr Kinder zeugte. Deren Nachkommen lebten bis heute, und ihr «heiliges Blut» sei der eigentliche Gral. Mosse behandelt diese Theorie jedoch ebenso, wie sie in *Labyrinth* die mittelalterliche Gralsliteratur in die Welt ihres Romans integriert hat: In ihrer Erzählwelt sind diese Verschwörungstheorien absichtlich in Umlauf gebracht worden, um von den «eigentlichen» Ereignissen der fraglichen Jahre des späten 19. Jahrhunderts abzulenken, die Mosse in ihrem Roman behandelt – und die hier ironischerweise mit dem Gral gar nichts zu tun haben. Zugleich wird im Rahmen der Romanhandlung und eines historisch-geographischen Nachworts eine deutliche Kritik an den Auswüchsen der zeitgenössischen Rezeption des *Da Vinci Code* geübt, die dazu geführt haben, dass der Friedhof des realen Rennes-le-Château gesperrt werden musste, da zu viele Besucher diesen Ort nicht mit dem nötigen Respekt behandelt hatten.

Der dritte Band der Languedoc-Trilogie (*Citadel*, 2012; dt. *Die Frauen von Carcassonne*) spielt, ebenso wie *Labyrinth* und *Sepulchre*, erneut auf zwei Zeitebenen. Im 4. Jahrhundert folgt er in kurzen Episoden dem Schicksal des Mönchs Arinius, der einen «häretischen» Text vor der Zerstörung bewahren will; dabei wird Arinius zu einem idealtypischen Vertreter eines entschieden positiv bewerteten, toleranten häretischen Christentums stilisiert, das die gleichermaßen positive Wertung der Katharer in *Labyrinth* spiegelt. Auf seiner zweiten Zeitebene spielt der Roman v. a. in den Jahren 1942 und 1944 mit Rückblicken in die 1930er; der Hauptort der Handlung ist Carcassonne. Der Gral an sich spielt in *Citadel* nicht direkt eine Rolle, sondern wird v. a. als ein Gegenstand der Faszination der Nationalsozialisten oder Nazikollaborateure erwähnt, die als Protagonisten im Zentrum stehen. Unmittelbar relevant ist jedoch der Gralssucher Otto Rahn. Obwohl zum Zeitpunkt der Handlung bereits tot, ist es letztlich Rahn, der den Hauptstrang in den 40er Jahren anstößt: Während seiner Aufenthalte in Südfrankreich in den 1930ern gelangte Rahn, so die Konstruktion im Roman, rein zufällig in den Besitz einer Karte, die zu dem von Arinius versteckten Text führen sollte. Diese Karte schenkte Rahn seinem Freund Antoine Déjean, mit dem er mehrere Monate lang die Höhlen und Katharerhochburgen der Pyrenäen durchstreift hatte. Nach Rahns Selbstmord fanden Angehörige des «Ahnenerbes», einer NS-Kulturorganisation, Hinweise auf den häretischen Text und setzten daraufhin ihre Schergen darauf an, dieses Relikt für das Reich sicherzustellen. Dies führt zu einem blutigen Katz-und-Maus-Spiel im besetzten Südfrankreich. Der Roman zeichnet die Vertreter des institutionellen katholischen Christentums dabei als die Bösewichte der Erzählung, die aus einem kompromisslosen Fundamentalismus heraus ohne Gewissensbisse foltern, morden und mit den Nazis kollaborieren, um der Kirche in der modernen Gesellschaft wieder eine starke Stellung zu sichern. Die Helden des Romans hingegen erscheinen, wie in *Labyrinth*, als kirchenfern und betont liberal und tolerant. Otto Rahns Schicksal entfaltete sich gerade im Spannungsfeld zwischen den zwei grundsätzlichen Geisteshaltungen, die als zum Katharismus, dem Gnostizismus und dem Gral hingezogen gezeichnet werden: Freisinn einerseits und faschistoide Intoleranz andererseits. In *Citadel* wird Rahn durch ganz unterschiedliche Akteure des Romans charakterisiert: Von seinen ehemaligen Kollegen im Ahnenerbe für seine Homosexualität verachtet, erscheint er in den Reminiszenzen der französischen Helden der Erzählung als ein naiver und schwärmerischer junger Mann, der erst zu spät verstand, was es mit der SS wirklich auf sich hatte. Seine zwei Bücher, die Kate Mosse auch in der Bibliographie am Ende ihres Romans anführt, werden als «ziemlich eigentümlich» beschrieben. So wird Otto Rahn hier zwar zu einer fiktionalen Romanfigur, findet dabei aber doch eine Bewertung, die die Ambivalenzen und Spannungen seines getriebenen Lebens künstlerisch würdigt – auch wenn ihr Urteil insgesamt vielleicht zu positiv bleibt.

Verschwörungen, Kokosnüsse und wiederum Nationalsozialisten

Der Gral bringt immer wieder und in den unterschiedlichsten Medien große Publikumserfolge hervor. Tatsächlich lässt sich sagen, dass die gesamte Geschichte des Grals seit (und einschließlich) dem *Perceval* des Chrétien de Troyes die Geschichte eines

Publikumserfolgs ist; die Romane von Kate Mosse sind nicht mehr als das jüngste Glied einer Kette, deren nächste Fortsetzung nicht lange auf sich warten lassen wird.

Eine erfolgreiche Auseinandersetzung mit dem Gral muss dabei allerdings nicht unbedingt eine ernsthafte sein: Wenn einer der Klassiker unter den Gralsfilmen, *Monty Python and the Holy Grail* (dt. *Die Ritter der Kokosnuss*, 1974), eines nicht ist, dann ernsthaft. Die britische Komikergruppe Monty Python legte mit diesem Film eine Satire auf den Gralsstoff (und verschiedene zeitgenössische Themen) vor, die den Artusstoff und allgemein jede romantische Verklärung des Mittelalters systematisch ins Lächerliche zieht. Der Film ist stark episodenhaft aufgebaut und erinnert gerade in seiner losen Struktur an mittelalterliche Ritterromane. Die Absurdität der einzelnen «Abenteuer»-Episoden konterkariert jedoch jegliches ritterliche Pathos. So sieht in einer Episode Sir Galahad eine Vision des Grals über einer Burg. Bald stellt sich allerdings heraus, dass diese Burg von 150 liebestollen jungen Frauen bewohnt wird, die mit einem gralsförmigen Licht Ritter in ihre Burg locken wollen, um mit ihnen Sex haben zu können. Sir Galahad – der keusche und einzig wirklich erfolgreiche Gralsritter Tennysons, Malorys und der großen altfranzösischen Gralszyklen – widersetzt sich zunächst, ist von der Idee aber bald doch angetan – und wird in genau diesem Moment von den anderen Rittern «gerettet», reichlich gegen seinen Willen. In einer anderen Episode, als Artus selbst gegen Ende des Films an der Pforte der (vermeintlichen oder vielleicht wirklichen) Gralsburg steht, muss er als Engländer sich von deren französischer Garnison verspotten und mit Fäkalien übergießen lassen. Auf die Beleidigung reagiert er mit einem Sturmangriff an der Spitze seines Heeres. Dieser jedoch wird von der Polizei gestoppt: Während der Dreharbeiten zum Film war in einer früheren Szene ein «berühmter Historiker» von einem Ritter grundlos erschlagen worden, und Artus wird jetzt als der mutmaßliche Mörder verhaftet. Mitte der 1970er Jahre scheint eine erfolgreiche Gralssuche ebenso wenig zeitgemäß gewesen zu sein wie der Gral selbst.

Durch ironische Distanz vom Gral getrennt ist auch seine

wichtigste Behandlung in der schöngeistigen Literatur der 1980er Jahre. In Umberto Ecos Roman *Il pendolo di Foucault* (dt. *Das Foucaultsche Pendel*, 1988), dessen Handlung um das Thema esoterischer Verschwörungstheorien kreist, hat der Gral einen entsprechenden Gastauftritt. In einer Schlüsselszene des Romans legt ein gewisser Hauptmann Ardenti einem Verleger seine Auffassung des Grals dar. Ardenti verschmilzt dabei die Vorstellung vom Gral als Stein bei Wolfram von Eschenbach frei mit der Geschichte Otto Rahns und der Theorie einer Weltverschwörung der Templer: Der Gral sei eigentlich eine Energiequelle. Diese Energiequelle – vielleicht, so meint Ardenti, radioaktives Material, möglicherweise außerirdischer Herkunft – hätte schon Hitler suchen lassen, und selbst die Kreuzzüge hätten eigentlich das Ziel gehabt, den Gral zu gewinnen. Die ganze Mythologie des Grals, einschließlich der Figur Jesu, ist für Ardenti dabei im Grunde nordisch-keltisch und arisch. Der Verleger betrachtet Ardenti als einen Verrückten – aber noch in derselben Nacht wird Ardenti ermordet. So irrsinnig seine Vorstellungen von einem Gral der Macht auch gewesen sein mögen, sie waren nicht verrückt genug, um ihn einer anderen, noch irrsinnigeren Gruppe von Verschwörern nicht als Bedrohung erscheinen zu lassen. Später stellt sich heraus, dass der angebliche Hauptmann Ardenti eigentlich Arcoveggi hieß und 1945 für Kollaboration mit der SS in absentia zum Tode verurteilt worden war.

Ecos Behandlung zeitgenössischer Gralsrezeption ironisiert und problematisiert diese auf mehreren Ebenen: Ardentis Geschichte wird als unsinnig präsentiert; Ardenti selbst ist ein Betrüger und Kriegsverbrecher; seine Mörder sind zutiefst fehlgeleitet. Die Suche nach dem Gral führt vom Faszinosum ad absurdum. Zugleich arbeitet Eco jedoch das bedrückende Potential des Gralsmythos heraus, sich für politische Extremismen vereinnahmen zu lassen: Nicht nur verbindet er den Gral über Rahn und Hitler mit dem deutschen Nationalsozialismus, sondern er leitet das ganze Kapitel auch mit einem Zitat aus Julius Evolas *Il mistero del Graal* (dt. *Das Mysterium des Grals*, 1934) ein. Letzteres ist wichtig, denn Evola war einer der Theoretiker des italienischen Faschismus und, in jüngerer Zeit, der Neuen Rechten. So erscheint der Gral nicht nur als Faszinosum und Absurdum, sondern letztlich auch als potentielles Banner einer rechtsextremistischen Bedrohung.

Die Affinität von Nazis zum Gral behandelt auch eine der heute wohl bekanntesten Bearbeitungen des Gralsmythos: Steven Spielbergs Film *Indiana Jones and the Last Crusade* (dt. *Indiana Jones und der letzte Kreuzzug*, 1989). Anders als Umberto Ecos Roman, der sich kritisch mit einem realen Segment der Gegenwartskultur auseinandersetzt, ist dieser Spielfilm allerdings reiner Eskapismus: die Jagd nach dem Gral als Abenteuer. Historisch dürfte dies als Herangehensweise an den Stoff aber gar nicht falsch sein, denn große Teile der mittelalterlichen Gralsromane mit ihren Abfolgen von Turnieren, geretteten Damen und Ungeheuern dürften für ihr mittelalterliches Publikum auch nichts anderes gewesen sein als eskapistische Unterhaltung. Ob die gralssuchenden Nazis dieses Films ferner auch einen Bezug zur Geschichte haben, indem sie die Figur des Otto Rahn aufgreifen, ist allerdings unklar: Wiederholt ist vermutet worden, dass die Filmhandlung von Rahns Biographie inspiriert sein könnte; doch dass dem tatsächlich so ist, hat Steven Spielberg nie bestätigt. In jedem Fall wäre vom Charakter des Otto Rahn nicht viel geblieben, da seine Stelle im Film von einer (selbstverständlich) verführerischen Frau eingenommen wird, der österreichischen Forscherin Dr. Elsa Schneider. Außerdem spielt die Jagd nach dem Gral sich nicht in den Pyrenäen ab, sondern im Nahen Osten: Offenbar gilt im Genre der Abenteuererzählung der «Orient» heute als aufregender als Europa. Um dies zu ermöglichen, wird die Geschichte von Joseph von Arimathäa dahingehend abgewandelt, dass er den Nahen Osten mit dem Gral nie verlassen hatte und der Gral von Kreuzrittern während des Ersten Kreuzzugs wiederentdeckt wurde.

Einer der größten kommerziellen Erfolge in der jüngeren Rezeptionsgeschichte des Grals ist Dan Browns Thriller *The Da Vinci Code* (2003; dt. *Sakrileg*, 2004; verfilmt 2006 mit Tom Hanks und Audrey Tautou in den Hauptrollen). Der Roman beruht auf einer radikalen Umdeutung des Heiligen Grals: Die Auffassung des *Sangreal* als «Heiliger Gral» (*San-greal*) sei eigentlich falsch, richtig sei zu lesen *sang real*, «königliches Blut». Das fragliche «königliche Blut» sei die Blutlinie Jesu Christi: Jesus habe mit Maria Magdalena eine Dynastie begründet, die sich über das mittelalterliche Königsgeschlecht der Merowinger bis in die Gegenwart fortsetze. Um diesen neukonzeptualisierten Gral entwirft Dan Brown nun eine schwungvolle Schnitzeljagd, die eine tiefgreifende Umdeutung der Kirchengeschichte mit Actionelementen verbindet und so einen ungemeinen Publikumserfolg erzielen konnte; das Buch wurde in 44 Sprachen übersetzt. So radikal die Uminterpretation des Grals aber auch sein mag, die dem *Da Vinci Code* zugrunde liegt, sie ist nicht originell: Dan Brown konstruiert seinen Roman um Thesen, die von Michael Baigent, Richard Leigh und Henry Lincoln bereits zwei Jahrzehnte zuvor in ihrem populären Buch *The Holy Blood and the Holy Grail* (1982) propagiert worden waren. Dies führte nicht zuletzt dazu, dass Baigent und Leigh im Jahr 2005 gegen Dan Brown eine Klage wegen Urheberrechtsverletzung anstrengten; diese Klage wurde vom zuständigen Gericht jedoch abgewiesen.

Dan Browns Erfolg war so groß, dass die Idee des Grals als der Blutlinie Jesu inzwischen in der Populärkultur zumindest als Referenzpunkt für literarische Querverweise fest etabliert ist. So fügte Kate Mosse entsprechende Bezüge in den oben schon erwähnten zweiten Roman ihrer Languedoc-Trilogie ein (*Sepulchre*, 2007; dt. *Die achte Karte*). Eine sublime Ironie von Dan Browns Erfolg lässt sich darin sehen, dass er von Umberto Eco in seinem *Foucaultschen Pendel* fünfzehn Jahre vor dem Erscheinen des *Da Vinci Code* in gewissem Sinne vorhergesagt wurde: Eco lässt einen seiner Helden die Hauptthese von *The Holy Blood and the Holy Grail* vortragen, was von einem anderen schlicht damit kommentiert wird, dass so etwas doch niemand ernst nehmen würde. Ecos Ich-Erzähler antwortet darauf grimmig, dass so ein Buch einige Hunderttausend Exemplare verkaufen würde. Geirrt hat er sich nur in einem Punkt. Es wurden nicht Hunderttausende, sondern Millionen.

Browns Gralsrezeption ist unorthodox, bleibt aber innerhalb eines christlichen Referenzrahmens, wenn dieser auch auf eine bedrückend rassisch anmutende Art umgedeutet wird. Gerade der christliche Rahmen wird in der Gralsrezeption des 20. und 21. Jahrhunderts jedoch auch gerne durchbrochen. Eine frühe Wegbereiterin der «Paganisierung» des Grals war Jessie Laidlay Weston (1850–1928). Im Laufe einer langen Karriere als Literatin, Übersetzerin und Sachbuchautorin legte Weston über ein Dutzend Bücher zu Themen der Artusliteratur vor. Im letzten dieser Bücher, *From Ritual to Romance* (1920), wendete die zu diesem Zeitpunkt schon siebzigjährige Weston die religionsgeschichtlichen Theorien von Sir James George Frazer auf das Gralsthema an. Unter Rückgriff auf Frazers Monumentalwerk *The Golden Bough* (1890–1915; dt. *Der goldene Zweig*) deutete sie die Behandlung des Grals in der mittelalterlichen Literatur als einen Reflex eines vorchristlichen Fruchtbarkeitsrituals. Im Zentrum ihrer Deutung steht das Motiv des «verödeten Lands», dessen Unfruchtbarkeit erst durch den erfolgreichen Abschluss der Suche nach dem Gral geheilt werden kann. Hinter dieser Unfruchtbarkeit steht ihrer Interpretation zufolge die mystische Identität von Land und König: Das Wohlergehen des einen ist an das des anderen gekoppelt; geht es dem König gut, dann blüht auch das Land auf – und umgekehrt. Die Unfruchtbarkeit des «verödeten Lands» ist daher eine Folge einer Schwäche des Königs, die jedoch durch den Gral geheilt werden kann – und so besteht die Aufgabe des Gralsritters letztlich in der Wiederherstellung der Fruchtbarkeit des Landes. Diese Aufgabe meistert er, indem er den Fischerkönig mit Hilfe des Grals heilt. Dies, so meint Weston, sei in vorchristlicher Zeit rituell in Szene gesetzt worden. Die Darstellungen der Suche nach dem Gral aus dem 12. und 13. Jahrhundert seien letztlich literarische Umsetzungen dieses paganen Rituals.

Weston versucht, ihre Theorie durch eine breite Zusammenschau ganz unterschiedlichen Vergleichsmaterials plausibel zu machen; so spannt ihr Buch einen Bogen von den vedischen Gedichten der ältesten Literatur Indiens bis hin zum Tarot. Letzteres kann als typisches Beispiel für Westons Arbeitsweise dienen. Der damals führende angloamerikanische Okkultist Arthur Edward Waite, mit dem Weston in persönlichem Austausch stand, hatte wenige Jahre vor der Publikation von Westons Buch eine Deutung der «kleinen Arkana» des Tarot, der Farbkarten, entwickelt, die die vier Farben mit Gegenständen der Gralsmythologie identifiziert. Die vier Farben des Tarot entsprechen zunächst einfach den Farben Kreuz – Herz – Pik – Karo des «französischen» bzw. Eichel – Herz – Blatt – Schelle des «deutschen» Blattes. Im Tarot sind diese vier Farben Stäbe – Kelche – Schwerter – Münzen (oder: Pentakel/Pentagramme, Scheiben). Waite, der als zeitgenössische (okkultistische) Autorität auf dem Gebiet des Tarot hinter dem bis heute gängigsten Tarot-Deck steht (dem 1909 erstmals aufgelegten Rider-Waite-Deck), setzte diese vier Farben mit der blutenden Lanze, dem Kelch, dem Schwert und der Servierplatte der Gralsromane gleich (vgl. etwa die Zusammenfassung von Chrétiens *Perceval* oben S. 23). Weston griff diese Parallelsetzung unkritisch als Beleg für das Alter des Ensembles von Objekten auf, die in verschiedenen Texten der Artusliteratur mit dem Gral verbunden sind und die sie als die zentralen Symbole eines uralten Mysterienkultes deutete. Damit verwendete Weston aber letztlich eine esoterische Idee des frühen 20. Jahrhunderts, um die Vorgeschichte einer Erzählung des 12. Jahrhunderts zu entschlüsseln. Dies ist ein extremes Beispiel, insgesamt aber typisch für Westons oft fast naive Argumentationsweise, die dazu führte, dass ihre These sich wissenschaftlich nicht durchsetzen konnte.

In Literatur und Film hatte Weston hingegen eine erhebliche Wirkung. Eine wesentliche Rolle als Multiplikator kam hier niemand Geringerem als Thomas Stearns Eliot (1888–1965) zu, einem der bedeutendsten englischsprachigen Dichter des 20. Jahrhunderts. Eines seiner frühen Hauptwerke, das Langgedicht *The Waste Land* (*Das wüste Land*, 1922), greift u. a. Motive der Artusliteratur auf; schon sein Titel verweist auf den Gralskomplex, wo das verödete Land ebendas Land ist, das unter dem Scheitern des Gralsritters leidet. Auch Anspielungen auf den Fischerkönig erscheinen an verschiedenen Stellen. In den Anmerkungen, die T. S. Eliot auf Drängen seines Verlegers der ersten Buchausgabe beifügte, verwies er auf Westons *From Ritual to Romance* als das wesentliche Werk für das Verständnis des Gedichts. Zwar distanzierte Eliot sich später von diesen Anmerkungen, aber dennoch sicherte diese Nennung Weston langfristig eine Rolle in der Populärkultur.

In ebendiesem Kontext ist die vielleicht konsequenteste künstlerische Umsetzung von Westons Gralstheorie zu sehen: John Boormans bildgewaltiges Mysteriendrama *Excalibur* (1981). In seinem Abspann nimmt dieser Film zwar für sich in Anspruch, eine Adaption spezifisch von Sir Thomas Malorys *Le Morte Darthur* vorzulegen; tatsächlich folgt seine Handlung aber nicht den mittelalterlichen Bearbeitungen des Gralsstoffs, sondern beruht auf Westons Ideen über deren religionsgeschichtliche Wurzeln. Boorman verschmilzt in seinem Film Artus mit dem invaliden Fischerkönig: Nachdem er Lanzelot und Guinevere beim Ehebruch ertappt und mit seiner Schwester Morgana seinen Sohn Mordred gezeugt hat, verfällt Artus in ein Siechtum, das ihm seine gesamte Kraft raubt. Im selben Maß, in dem der König immer hinfälliger wird, wird das Land nun von Hungersnot und Seuchen heimgesucht. Artus schickt die Ritter der Tafelrunde daher auf die Suche nach dem Gral, der einzig die Möglichkeit bietet, Britannien zu retten. Die meisten Ritter sterben auf dieser Suche, aber Perceval gelingt es schließlich, den Gral zu finden und zu Artus zu bringen. Dazu muss Perceval das Mysterium des Grals begreifen und aussprechen: dass der König und das Land eins sind. Nachdem er den Gral zu Artus gebracht und dieser aus ihm getrunken hat, kehrt Artus' Kraft zurück, und in dem Augenblick, in dem der König genest, erwacht auch das Land wieder zum Leben: Als der geheilte Artus in seine letzte Schlacht gegen Mordred auszieht, reiten er und seine Ritter durch einen Wald aufblühender Obstbäume. Der Film, der bei den Filmfestspielen von Cannes 1981 als bester künstlerischer Beitrag ausgezeichnet wurde, setzt so genau Westons Theorie um: Der Gralsmythos hat seine Wurzeln in der Gleichsetzung der Fruchtbarkeit des Landes mit der Kraft des Königs, und die Aufgabe des Gralshelden ist die Heilung des Landes durch die Heilung des Königs, die eben der Gral bewirkt.

Die wichtigste Bearbeitung des Artus- und Gralsstoffs in Anlehnung unter anderem an Frazer und Weston im Bereich der Literatur ist Marion Zimmer Bradleys Bestseller *The Mists of Avalon* (1982, dt. *Die Nebel von Avalon*; verfilmt 2001). Dieser monumentale Roman erzählt die Geschichte von Artus und den Rittern seiner Tafelrunde aus der Perspektive von Morgaine, die in der mittelalterlichen Erzähltradition üblicherweise die Rolle einer Antiheldin spielt. Hier wird Morgaine jedoch zu einer positiven Figur umgedeutet: Sie ist eine der letzten Priesterinnen der «Großen Göttin» in einer mehr und mehr christlichen und gleichzeitig verfallenden Welt. Negativ konnotiert sind in diesem Roman gerade die christlichen Akteure der Erzählung; die Sympathie der Autorin liegt bei der vorchristlichen Religion, wenngleich deren Darstellung weniger genuin vorchristlicher Religionsgeschichte verpflichtet ist als zeitgenössischen neopaganen Bewegungen. Bradleys Gral ist (ganz wie bei Weston) nicht christlichen Ursprungs, sondern eines der Symbole eines vorchristlichen Fruchtbarkeits- und Mysterienkults: Der Gral ist das Herzstück des Ensembles von Becher, Servierplatte, Speer und Schwert, die bei Bradley wie bei (und wohl nach dem Vorbild von) Weston die vier «Heiligen Insignien» der alten Religion darstellen. Der christlichen Welt wird der Gral nur dadurch zugänglich, dass einer der Priester der «Großen Göttin» (der «Merlin von Britannien») sich der Menschen der neuen, christlichen Welt erbarmt: Da er ihnen einen gewissen Zugang zu den alten Heilstümern ermöglichen will, um ihr Los zu lindern, entfernt er den Gral von dem geheimen Aufbewahrungsort, wo er als Symbol der Mysterien verwahrt worden war, und bringt ihn in die Welt der nun christlichen Menschen. Dafür muss der Merlin mit seinem Leben bezahlen, und die Priesterinnen der Göttin bringen den Gral bald nach Avalon zurück. Aber obwohl der Gral als Becher und Kessel der Göttin ein heidnisches Mysterium ist, geht er in Bradleys Roman durch die Umstände seiner Entrückung nach Avalon dennoch in die christliche Legende ein. Dabei wird er auch mit Joseph von Arimathäa verbunden. Später, so heißt es im Roman, meinen manche, dass der Gral sich in einer Quelle in Glastonbury befinde, die daher heute «Quelle des Kelches» (*Well of the Chalice*,

Chalice Well) genannt werde, und manchmal erscheine er auf dem Altar der christlichen Kapelle in Glastonbury. So fungiert der Gral als ein Hoffnungsschimmer in der Dunkelheit des christlichen Mittelalters. Für Artus' Hof ist der Gral jedoch mehr Fluch als Segen; denn die Ritter der Tafelrunde zerstreuen sich auf der Suche nach ihm in alle Winde, und allzu viele gehen dabei zugrunde.

Spätestens mit Marion Zimmer Bradleys *The Mists of Avalon* verlässt dieses Kapitel den Bereich der rein künstlerischen Rezeption des Heiligen Grals. Bradleys Bearbeitung des Stoffs orientiert sich an der neureligiösen Verehrung einer «Großen Göttin» v. a. im Kontext der Witchcraft-Bewegung und wirkt seit dem Erscheinen des Romans auch direkt auf gegenwärtige alternativreligiöse Strömungen zurück: In autobiographischen Berichten über Bekehrungen zur zeitgenössischen neopaganen Religion der «Großen Göttin» wird die Lektüre dieses Buchs immer wieder als Schlüsselerlebnis genannt. Damit bringt uns dieser Roman zurück zu eigentlich religiösen Rezeptionen des Grals. Zudem liegt der geographische Fokus von Bradleys Erzählung im südenglischen Glastonbury, das die Autorin auf verschiedenen Ebenen mit der mythischen Insel Avalon identifiziert. Beides, Glastonbury und die manchmal genuin religiöse Rolle des Grals in seiner jüngeren Rezeptionsgeschichte, wird im Zentrum des folgenden Abschnitts stehen.

Von blauem Glas zu rotem Wasser: der Gral in Glastonbury

Über der kleinen Stadt Glastonbury im südenglischen Somerset erhebt sich der Glastonbury Tor: ein steiler Hügel, der prominent aus dem flachen Umland hervorragt und von einem markanten Turm bekrönt wird, dem letzten Rest einer lange zerstörten Kirche. In einer Gartenanlage am Fuß dieses Hügels entspringt eine Quelle: die eben in Zusammenhang mit Marion Zimmer Bradleys *The Mists of Avalon* schon erwähnte Chalice Well oder «Kelch-Quelle». Das Wasser dieser Mineralquelle ist stark eisenhaltig, und wo es abfließt, hinterlässt es orangerote Ablage-

Abb. 6: Die Chalice Well in den Chalice Well Gardens, Glastonbury, Südengland.

rungen. Mit einer Ausschüttung von etwa 109 000 Litern täglich war diese Quelle lange die Lebensader der Siedlung. Heute jedoch liegt ihre Bedeutung auf einer anderen Ebene als der der praktischen Wasserversorgung. Wer den Quellgarten betritt, bekommt für das fast nur symbolische Eintrittsgeld zusammen mit dem Ticket auch eine Pilgerflasche, die man im Garten mit dem Wasser der Quelle befüllen kann, und die Stelle, an der die Quelle entspringt, ist als ein Raum der Einkehr und Meditation gestaltet: Ein dunkelgrüner Baldachin aus den miteinander verflochtenen Ästen einer Eibe und eines Lorbeerbaums überdacht eine mit niedrigen Steinmauern befestigte Mulde, in deren Mitte die offene Fassung der Quelle einen Blick auf das Wasser in der Tiefe erlaubt. In das Steinpflaster, das die Quellfassung umgibt, sind Ammoniten eingelassen; der steinerne Rand der Einfassung wird durch einen Schmuck aus Blumen und Früchten, der mit den Jahreszeiten wechselt, in einen Ring aus Farben verwandelt; und die eichene Abdeckplatte des zentralen Schachts ist in eine schmiedeeiserne *vesica piscis* gefasst: eine einfach-elegante Figur aus zwei sich überschneidenden Kreisen, in der sich euklidische Geometrie und Grundformen ekklesiastischer Kunst treffen. In diesem Rückzugsraum herrscht eine tiefe Stille. Selbst das Quellwasser im Brunnenschacht ist ein bewegungsloser silberner Spiegel; eine unterirdische Leitung lässt es in einem anderen Teil des Gartens an die Oberfläche treten, so dass an der Quelle selbst nicht einmal ein Plätschern zu hören ist.

Mit dem Gral sind Glastonbury und insbesondere die Chalice Well auf vielfältige Weise eng verbunden. Wie schon erwähnt, spielte Glastonbury, wo im Jahr 1191 die Gebeine des Königs Artus und seiner Frau Guinevere «exhumiert» wurden, bereits in der mittelalterlichen Artusüberlieferung eine Rolle. In der viktorianischen Epoche ließ Alfred Tennyson in seinen *Idylls of the King* Joseph von Arimathäa den Gral hierhin bringen, und in den 1980ern machte Marion Zimmer Bradley das Städtchen zum Schauplatz zentraler Episoden ihres *The Mists of Avalon*. In der ersten Hälfte des 20. Jahrhunderts hat dieser Verbindung Glastonburys mit dem Gral vor allem John Cowper Powys mit seinem epischen Roman *A Glastonbury Romance* (1933) ein bleibendes Denkmal gesetzt. Hier soll jedoch nicht die literarische Rezeption Glastonburys im Zentrum stehen, sondern die Rolle des Ortes in der Religionsgeschichte des 20. und 21. Jahrhunderts. Drei Rezeptionslinien können dabei stellvertretend für die Vielfalt der Assoziationen Glastonburys mit dem Gral stehen: die blaue Schale des Dr. Goodchild, die Archäologie des Frederick Bligh Bond und die verschiedenen Deutungen der Chalice Well selbst.

Der Name «Chalice Well» scheint nicht besonders alt zu sein; sein ältester Beleg findet sich erst auf einer Karte des britischen Ordnance Survey aus dem Jahr 1885. An einem Februartag desselben Jahres, in dem der Name der «Kelch-Quelle» durch diese Landkarte erstmals aktenkundig wurde, betrat der englische Arzt Dr. John Arthur Goodchild das Geschäft eines Schneiders am Hafen des italienischen Ferienorts Bordighera. Dort erwarb Goodchild eine blaue Mosaikglasschale, die beim Abriss eines Gebäudes in einer Mauernische gefunden worden war. Dieser Kauf eines italienischen Souvenirs hätte für die Geschichte des

Grals keine weiteren Folgen gehabt – wenn Goodchild nicht zwölf Jahre später, im Jahr 1897, in einem Pariser Hotel eine Vision erfahren hätte: Er wurde, so berichtete er später, von einem Zustand der Lähmung übermannt, in dem ihm von einer körperlosen Stimme offenbart wurde, dass die Schale sich einst im Besitz Jesu befunden habe. Die Stimme wies Goodchild an, die Schale nach dem Erhalt weiterer Instruktionen zum Hügel Bride's Hill in Glastonbury zu bringen; schlussendlich würde sie in die Obhut einer reinen Frau übergehen. Im August 1898 war Goodchild schließlich mit der Schale in Glastonbury angelangt; nach einer weiteren Vision verbarg er die Schale im schlammigen Wasser von Bride's Well, einem Schleusenbassin, das damals einen Teil des lokalen Drainagesystems bildete. In den nächsten Jahren suchte Goodchild Glastonbury und Bride's Well immer wieder auf. Als sich über Jahre nichts ereignete, ließ er bei spirituell interessierten Bekannten immer mehr Hinweise fallen. So verging fast ein weiteres Jahrzehnt. Nach einer – so heißt es – weiteren Vision im September 1906 schickte Goodchild schließlich eine Zeichnung der blauen Schale an seinen jüngeren Bekannten Wellesley Tudor Pole in Bristol. Dessen Antwort ließ Goodchilds Wunsch in Erfüllung gehen: Janet und Christine Allen, zwei Freundinnen Wellesleys, hatten die Schale kurz zuvor in Bride's Well gefunden, angeblich geleitet durch eine Vision, die Wellesley zuteilgeworden war. Da sie die Heiligkeit der Schale gespürt hätten, hätten sie sie gewaschen und wieder im Wasser verborgen. Goodchild berichtete nun Wellesley seinen Teil der Geschichte, und wenige Tage später fuhr Wellesleys Schwester Katharine nach Glastonbury, suchte und fand die blaue Schale im Schlamm von Bride's Well ein weiteres Mal und brachte sie nach Bristol. Dort richteten Janet, Christine, Katharine und Wellesley für die Schale einen öffentlichen Schrein ein und hielten selbstentworfene Gottesdienste ab, bei denen die Frauen die Zeremonie leiteten; es kam Berichten zufolge zu Wunderheilungen und Offenbarungserlebnissen.

Insbesondere Wellesley entwickelte die Überzeugung, dass es sich bei der blauen Glasschale um den Heiligen Gral handelte. Damit unterschied sich seine Auffassung allerdings grundlegend von der Goodchilds, der die Schale zwar für einen Gegenstand aus dem Besitz Jesu hielt, sich aber zeitlebens von einer Identifizierung mit dem Heiligen Gral distanzierte. Im Lauf des Jahres 1907 konsultierte Wellesley eine große Zahl wissenschaftlicher, spiritueller und religiöser Autoritäten, um seine Deutung authentifizieren zu lassen; das Spektrum reichte von Gutachtern des British Museum über den Okkultisten A. E. Waite, der bereits für seine Assoziation der Gralssymbole mit dem Tarot erwähnt wurde (und der die Interpretation der blauen Schale als der Heilige Gral ablehnte), bis hin zu hochrangigen Mitgliedern der anglikanischen Kirche. Bei Basil Wilberforce, dem Erzdiakon von Westminster, fiel Wellesley Tudor Poles Idee auf besonders fruchtbaren Boden: Wilberforce war von der Identität der blauen Schale mit dem Gral bald tief überzeugt. Damit war die Idee bis ins Herz des zeitgenössischen Establishment vorgedrungen: Die gesellschaftliche Stellung von Erzdiakon Wilberforce wird vielleicht am besten dadurch illustriert, dass er bei der Krönung Edwards VII. zum König von England im Jahr 1902 die königliche Krone trug und bei der Krönung Georgs V. im Jahr 1910 die Krone der Königin. Während eines Besuchs Wellesleys im Haus des Erzdiakons sah auch der amerikanische Schriftsteller Mark Twain die Schale, bei dem die leidenschaftliche Überzeugung von Tudor Pole und Wilberforce einen tiefen Eindruck hinterließ.

Was zunächst hinter den mehr oder weniger verschlossenen Türen wohlhabender Privathäuser vor sich gegangen war, machte jedoch bald Furore: Am Freitag, den 26. Juli 1907 trug die Titelseite der landesweit vertriebenen Zeitung *Daily Express* die Überschrift *MYSTERY OF A «RELIC.» – FINDER BELIEVES IT TO BE THE HOLY GRAIL. – TWO «VISIONS.» – GREAT SCIENTISTS PUZZLED. – DISCOVERED AT GLASTONBURY.* Regionale Zeitungen griffen das Thema auf. Eine lebhafte Diskussion folgte (in deren Verlauf Goodchild in einem Leserbrief an den *Daily Express* von einer Deutung der Schale als der Gral erneut und in aller Öffentlichkeit Abstand nahm); die öffentliche Aufmerksamkeit zwang nun Erzdiakon Wilberforce, sich von Wellesley Tudor Poles Gral zu distanzieren.

Auch Wellesley und seine «Bristol-Gruppe» hielten auf lange Sicht an einer buchstäblichen Deutung der Schale als dem Heiligen Gral nicht fest; in einem späteren Brief deutete Wellesley die Schale nur noch als ein Symbol für den Gral. Dies bedeutet jedoch nicht, dass der Gral oder die blaue Schale für Wellesley und seine Weggefährtinnen je ihre Bedeutung verloren hätten. Ganz im Gegenteil verbrachten die Mitglieder der «Bristol-Gruppe» einen wesentlichen Teil ihres weiteren Lebens auf die eine oder andere Weise mit dem Thema des Grals und der Interpretation der Glasschale. Auch aus dem öffentlichen Blick verschwand die Schale nicht völlig. Mindestens zweimal, 1911 und 1913, wurde sie etwa von Abdu'l Baha besucht, dem damaligen Oberhaupt der Religionsgemeinschaft der Baha'i. 1959 gelang es Wellesley Tudor Pole, das Anwesen zu erwerben, auf dem sich die Chalice Well befindet. Die Besitzverhältnisse regelte er über eine Stiftung, den Chalice Well Trust; so stellte er sicher, dass die Öffentlichkeit auf Dauer Zugang zu Quelle und Garten erhalten würde. Seit 1969 wird die blaue Schale dort aufbewahrt, und so ist dieser Gral bis heute Teil des Mythos der Chalice Well Gardens.

Das Herz dieses Gartens ist die Chalice Well. Die Abdeckung dieser Quelle, deren *Vesica-piscis*-Motiv inzwischen zu einem Wahrzeichen der Quelle geworden ist, wurde vom Architekten Frederick Bligh Bond (1864–1945) entworfen und schlägt so eine Brücke zu einer weiteren Gralssuche in Glastonbury. Frederick Bligh Bonds Arbeitsschwerpunkt als Architekt lag im Bereich der Kirchenarchitektur. Von spirituellen Themen war er allgemein fasziniert, auch vom Heiligen Gral. Der Identifizierung von Dr. Goodchilds blauer Schale als dem Heiligen Gral stand Bligh Bond jedoch äußerst skeptisch gegenüber. Seine Suche nahm eine ganz andere Richtung: Für ihn zentral war das Phänomen des «automatischen Schreibens», das im frühen 20. Jahrhundert in am Übersinnlichen interessierten Kreisen erhebliches Aufsehen erregte. Dabei verfasste das jeweilige Medium Texte, ohne – so hieß es – die Bewegungen der Schreibhand bewusst zu kontrollieren oder sich des Inhalts der niedergelegten Texte auch nur bewusst zu sein. Die resultierenden Texte präsentierten sich als Mitteilungen von Menschen der

Vergangenheit, in Bligh Bonds Fall insbesondere von mittelalterlichen Mönchen der Abtei Glastonbury. Bligh Bond interpretierte solche Texte nicht als Diktate von Verstorbenen, sondern als Ergebnis eines Zugriffs auf unterbewusste, ererbte Schichten eines kollektiven Gedächtnisses; auf der Grundlage dieser Theorie war das automatische Schreiben für ihn eine legitime Art, die Vergangenheit zu erforschen. Das größte Aufsehen verursachte Bligh Bonds Faszination für dieses Phänomen in Zusammenhang mit seiner Arbeit an den Ruinen der mittelalterlichen Abtei von Glastonbury. Diese Abtei, in ihrer Blütezeit eine der reichsten Englands, wurde nach ihrer Auflösung durch Heinrich VIII. im Jahr 1539 zerstört. Ihre archäologische Erforschung begann im Jahr 1908 auf Bligh Bonds Initiative hin und stand bis 1922 zunächst unter seiner Leitung. Es kam jedoch zu erheblichen Kontroversen, als er begann, seine Verwendung des automatischen Schreibens als Teil seiner historischen Forschungsarbeit weithin publik zu machen. Zusammen mit anderem lokalpolitisch ungeschickten Verhalten Bligh Bonds sowie einem aus Eheproblemen resultierenden Skandal trugen diese Kontroversen schließlich dazu bei, dass man ihm die Leitung der Grabungen 1922 entzog. Auch die Grabungen selbst wurden ohne ihn als treibende Kraft schlussendlich eingestellt. Durch automatisches Schreiben generierte Texte überzeugten ihn nichtsdestoweniger im Laufe der Jahre von der Möglichkeit, in Glastonbury den Gral zu finden. Mit dieser Hoffnung konnte er in den späten 1930er und 1940er Jahren, inzwischen hochbetagt mit massiven gesundheitlichen Problemen, amerikanische Sponsoren dafür gewinnen, eine Neuaufnahme der archäologischen Forschung in Glastonbury zu finanzieren. Zu einer tatsächlichen Wiederaufnahme der Grabungen sollte es zu seinen Lebzeiten jedoch nicht mehr kommen: Bligh Bonds Beteiligung an den Plänen wurde zu früh bekannt, und die nötigen Genehmigungen wurden verweigert. Bligh Bonds verhinderte Geldgeber, George und Blanche Van Dusen, erhielten ihr Angebot, neue Grabungen zu finanzieren, allerdings auch nach Bligh Bonds Tod 1945 aufrecht. Da ihr Ziel letztlich in der Auffindung des Grals bestand, wurde jedoch aufgrund ihrer «unwissenschaftlichen» Beweggründe zunächst weiterhin keine Grabungsgenehmigung erteilt. Erst als die Geldgeber ihre Finanzierung von jeglichen Bedingungen unabhängig machten, nahmen die Trustees der Abtei das Angebot an: Im Jahr 1951 begannen neue Ausgrabungen, die über die nächsten zwei Jahrzehnte wesentliche Teile der frühen Geschichte der Abtei ans Licht bringen sollten. Bis weit in die zweite Hälfte des 20. Jahrhunderts hinein war es damit letztlich die Sehnsucht nach dem Heiligen Gral, die einen zentralen Teil der wissenschaftlichen Erforschung der Abtei von Glastonbury ermöglichte.

Für andere Gralssucher, und nicht zuletzt für die Gralsrezeption im heutigen Glastonbury, stand und steht die Chalice Well selbst im Fokus. Ihre Assoziation mit dem Gral scheint nicht besonders alt zu sein. Der Name der Quelle geht möglicherweise erst auf die Mitglieder des Priesterseminars zurück, dem das Gelände bis 1912 gehörte; er könnte von Anfang an eine spielerische Bezugnahme auf den Erzählungszyklus um König Artus gewesen sein, aber ebenso ist es möglich, dass die Bezeichnung der eisenhaltigen Quelle auf dem Gelände des Priesterseminars auf den roten Wein und den Kelch der katholischen Messe anspielt. Frühe Akteure wie Alice Buckton und Frederick Bligh Bond betrachteten die Chalice Well als eine heilige Quelle, aber eine klare Verbindung mit dem Gral wurde erst etwas später hergestellt. Ein zentraler Wendepunkt war das Werk der britischen Schriftstellerin und Okkultistin Dion Fortune (1890–1946), mit bürgerlichem Namen Violet Mary Firth. Sie verfasste ein umfangreiches Œuvre von Romanen und okkultistischen Schriften; durch diese und durch die von ihr gegründete *Society of the Inner Light* prägt sie die anglophone alternativreligiöse Szene bis heute mit. In Dion Fortunes Zeitkontext in der ersten Hälfte des 20. Jahrhunderts waren viele alternative Weltanschauungen von einer Rezeption östlicher Lehren geprägt; ein gutes Beispiel ist die Theosophische Gesellschaft, die schon in Verbindung mit Rudolf Steiner erwähnt wurde. Dion Fortune gehörte zu einer Gegenströmung zu dieser östlichen spirituellen Orientierung und forcierte eine Hinwendung zu einheimischen, westlichen Traditionen. Ihre Lebensmittelpunkte lagen in London und in

Glastonbury, und letzterer Ort sowie der Gral spielten für ihr Bestreben einer Rückbesinnung auf westliche Überlieferungen eine wesentliche Rolle. Ab 1924 nutzte sie in Glastonbury ein Gebäude unmittelbar gegenüber der Chalice Well als Arbeitsbasis, wo sie spätestens ab 1928 den *Chalice Orchard Club* als Herberge und Pilgerzentrum betrieb. Fortunes Interpretation des Grals und seines Verhältnisses zu Glastonbury, die sie vor allem in ihrem Buch *Avalon of the Heart* (1934) entfaltete, baute auf seiner Paganisierung durch die zeitgenössische Forschung auf, in der Autoren wie die bereits erwähnte Jessie L. Weston den Gral der mittelalterlichen Artusromane als christianisierte Version eines ursprünglich vorchristlichen Mythos deuteten. Die Chalice Well war für Fortune, ganz in diesem Sinne, ein zutiefst heidnischer Ort, ein Ort der «alten Götter»: Die Quellfassung der Chalice Well hielt sie für einen Ort druidischer Opfer, wo Menschen im Wasser der roten Quelle ertränkt wurden und wo der Fischerkönig den Gralsbecher im heiligen Wasser verstecken konnte. Historisch ist dies nachweislich falsch. Die vermeintlich vorchristliche Quellfassung stammt in Wirklichkeit teils aus dem späten 12., teils sogar erst aus der Mitte des 18. Jahrhunderts. Aber für die alternativreligiöse Auffassung der Quelle war Fortunes Deutung der Chalice Well als Ort vorchristlicher Spiritualität von enormer Wirkkraft. In ihrer Behandlung der Mythologie Glastonburys vertrat Fortune daneben die Idee, der Gral sei in einer Kammer im Inneren des Hügels Chalice Hill unmittelbar nordwestlich der Quelle verborgen. Ferner, in einem dritten Zugang, behandelt sie den Gral als den Becher, den Joseph von Arimathäa nach Britannien gebracht habe, und als ein ewiges himmlisches Symbol, das den spirituellen Prototyp des Kelchs der Eucharistiefeier bilde: Der Messkelch beziehe seine symbolische Gültigkeit vom Gral, und erst eine moderne spirituelle Suche nach dem Gral führe zu einer Erfahrung der Kommunion in ihrer ganzen Tiefe. Dion Fortunes Gral schwankt so gleichermaßen zwischen vorchristlichem Mythos und christlicher Spiritualität und zwischen quasikonkretem Gegenstand und abstraktem Symbol – und ist gerade in diesem Schwanken typisch für die jüngere Geschichte des Grals.

Dieselben Grundlinien prägen die Auffassung des Grals im heutigen Glastonbury. Seit den späten 1960er Jahren hat der Ort sich zu dem Zentrum schlechthin der britischen alternativen Religiosität entwickelt, in den Worten des Historikers Ronald Hutton: zu Großbritanniens «Hauptstadt der Träume». Das Straßenbild ist geprägt vom Nebeneinander von Läden für Bücher und Ritualgegenstände des alternativreligiösen Bedarfs, christlichen Kirchen verschiedener Konfessionen und der anglikanisch verwalteten Ruine der Abtei. In einem alten Brunnenhaus am Rand des Stadtzentrums ist ein Schrein für eine Reihe paganer Gottheiten eingerichtet worden, und in zentraler Lage im Herzen der Stadt befindet sich der *Goddess Temple*, ein neopaganer Ort der Verehrung der «Großen Göttin». Die bunte Vielfalt dieses religiösen Spektrums spiegelt sich auch in den gegenwärtigen Deutungen der Chalice Well. Christlich wird sie mit Joseph von Arimathäa verbunden: Sie sei der Ort, wo Joseph den Gral versteckt hat; oder Joseph habe den Gral in ihrer Nähe vergraben; oder Joseph habe den Gral in ihr gewaschen – und deshalb färbt ihr Wasser bis heute rot. Ebenso existieren pagane Deutungen: Kathy Jones, die Mitbegründerin und Leiterin des *Goddess Temple*, interpretiert den Gral etwa als ein Erbe uralter Vorzeit, in der der Gral und der Kessel mit der Göttin verbunden gewesen seien. Jones hebt hervor, dass der Gral in den mittelalterlichen Beschreibungen gerade von Frauen getragen werde, und verweist auf das Hervorsprudeln eisenhaltigen (roten) Wassers in der Chalice Well als Zeugnis dafür, dass dieser Ort ursprünglich der Göttin gehörte: Das rote Wasser aus dem Schoß der Erde sei das Menstruationsblut der Mutter Erde, und in der Chalice Well könne man den Kelch der Weisheit und den Kessel der Unsterblichkeit der Göttin finden.

In diesem Kapitel hatte der Gral Auftritte in erstaunlich vielfältigen Formen. Am Anfang des 20. Jahrhunderts erschien er christlich geprägt als eine blaue Glasschale und als das Ziel einer archäologischen Suche in den Ruinen der Abtei von Glastonbury, und als paganer Gral wurde er imaginiert als ein Kultgefäß, das einst in der Chalice Well versteckt worden sei. Die verschiedenen Interpretationen des Grals im heutigen Glastonbury entstammen gleichfalls ganz unterschiedlichen Weltanschauungen. Eines haben die meisten dieser zeitgenössischen Zugänge allerdings miteinander gemeinsam: Der primäre Bezugspunkt für den Gralsmythos ist die Chalice Well mit ihrem suggestiven Namen und ihrem eisenhaltigen Wasser, das seinen Abflusskanal rot-orange einfärbt. Diese Färbung durch das Wasser wird weithin mit dem Gral verbunden, doch ganz wie sich im Glastonbury des frühen 20. Jahrhunderts eine Vielzahl von Gralen fand, geschieht dies auf erstaunlich unterschiedliche Weise: Die Chalice Well wird gleichermaßen mit dem Menstruationsblut der Großen Göttin wie mit dem Blut des Gekreuzigten verbunden – und beides kann der Gral enthalten. Gerade in der bemerkenswerten Bandbreite der historischen wie gegenwärtigen Deutungen des Grals in Glastonbury zeigt sich wieder die eine große Konstante in seiner Geschichte: Der Gral ist Gegenstand einer Sehnsucht, in der wenig Bestand hat außer dieser Sehnsucht selbst und ihrer Fähigkeit, die unterschiedlichsten Menschen auf unterschiedlichste Weise in ihren Bann zu schlagen.

5. Ausblick: Versatilität und Gegenkultur

Im Vorangehenden ist der Gral an ganz unterschiedlichen Orten aufgetaucht: im südenglischen Somerset; in den Katharerburgen der Pyrenäen, in einer filmischen Phantasiewelt im Nahen Osten. Weitere Orte ließen sich mühelos finden, wenn man die Netze weiter auswerfen würde. So befindet sich etwa in der Kathedrale von Valencia in einer eigenen Seitenkapelle ein *santo caliz*, ein «heiliger Kelch», der als eine Reliquie des Letzten Abendmahls verehrt und in jüngerer Vergangenheit (niemals aber ausdrücklich in mittelalterlichen Zeugnissen) mit dem Gral der höfischen Ritterromane identifiziert wird. Wie einfach neue Gralsorte entstehen können, zeigt das Beispiel des Bergklosters Montserrat in Katalonien, etwa 50 Kilometer nordwestlich von Barcelona. Ludwig Passarge scheint in seinem Reisebericht *Aus dem heutigen Spanien und Portugal: Reisebriefe* (1884) der erste Autor gewesen zu sein, der Montserrat mit Wagners Gralsburg Montsalvat (bzw. dem Munsalvaesche Wolframs von Eschenbach) gleichsetzte; die wesentliche Grundlage dafür scheint nicht mehr als die Ähnlichkeit der ersten Silben der Namen gewesen zu sein. In den 1890er Jahren fand diese Gleichsetzung, die keinerlei historische Grundlage hat, in die ersten Auflagen des Spanien-Baedeker Eingang und erfuhr so eine weite Verbreitung. In der Zeit vor dem Ersten Weltkrieg wurde sie gerade auch in völkischen Kreisen mit Begeisterung aufgegriffen. So erscheint sie etwa im Werk der Okkultisten Guido von List und Jörg Lanz von Liebenfels, die in damaligen völkisch-esoterischen Kreisen großen Einfluss ausübten: Ein neuer Gralsort war entstanden. In jüngerer Zeit scheint die Rezeption von Dan Browns *Da Vinci Code* mitunter ähnliche Formen anzunehmen, wenn die Handlungsorte seines Gralsromans solche Massen von (Literatur-?)Pilgern anziehen, dass manche von ihnen inzwischen für Besucher gesperrt worden sind. Der

Gral, der den ursprünglichen mittelalterlichen Texten zufolge aus dieser Welt entrückt wurde und so eigentlich nirgendwo zu finden sein sollte, scheint tatsächlich überall gefunden werden zu können.

Ein wesentlicher Grund für diese Versatilität des Grals scheint in seiner Bedeutungsleere zu liegen. Ganz am Anfang der Geschichte des Grals mag ein vorchristlicher Mythos der Kelten der Britischen Inseln gestanden haben; doch schon in der ersten eindeutigen Behandlung des Gralsstoffes im *Perceval* des Chrétien de Troyes ist bereits nicht mehr klar, was der Gral eigentlich ist. Hier und in den folgenden Jahrhunderten steht nicht das Wesen des Grals im Zentrum der Rezeption, sondern die *Frage* nach diesem Wesen: Was ist der Gral? Die Antworten, die im Laufe der Zeit auf diese Frage gegeben worden sind, sind so unterschiedlich, dass sie beinahe keine gemeinsame Schnittmenge mehr haben: Praktisch nichts verbindet, um zwei extreme Enden des Spektrums herauszugreifen, den anderweltlichen Kessel der paganen Großen Göttin mit der Blutlinie Jesu, die sich bis in die Gegenwart erhalten habe. Der Gral scheint mitunter wie eine leere Leinwand zu sein, eine Projektionsfläche, die die Wünsche und Träume der jeweiligen Zeiten und Milieus wie ein Spiegel zurückwirft. Für die christliche und von stetem Mangel bedrohte Gesellschaft des Mittelalters war der Gral teils christliches Heilssymbol und teils nahrungsspendendes Füllhorn; für die vom Christentum weithin distanzierte Überflussgesellschaft der Moderne ist er als Nahrungsspender bedeutungslos und als Quelle spiritueller Orientierung beliebig geworden. Seine wesentliche Leistung, und das Geheimnis seines Erfolgs, scheint darin zu bestehen, beinahe jede denkbare Idee oder Sehnsucht reflektieren zu können. Wer zu intensiv in das polierte Metall des heiligen Kelchs starrt, sieht am Ende – und ohne es zu merken – offenbar nur sich selbst.

Nachdenklich stimmt zudem, wie oft der Gral sich mit völkischem Gedankengut und Phantasien über reine Blutlinien verbindet. Marion Zimmer Bradley lässt den religiösen Konflikt zwischen dem Christentum und der Religion der Großen Göttin, den sie in ihrem Avalon-Roman entfaltet und in dem auch der

Gral seine Rolle spielt, sich weitgehend entlang der Grenzen biologisch bestimmter Bevölkerungsgruppen abspielen und misst der Reinheit adligen und priesterlichen Bluts eine auffallende, religiös überhöhte Bedeutung bei. Dabei werden Korrelationen hergestellt zwischen bestimmten Blutlinien, wiederholten Wiedergeburten und einem inneren Wachstum, aus dem sich eine besondere Bestimmung zu spirituellem wie weltlichem Führertum ergebe. Bei Dan Brown ist der Gral als *sang real* eine reine, herrschaftliche Blutlinie. Hitler konnte Wagners Gralsoper als zentrale Säule seiner rassistischen Weltanschauung interpretieren, und der «Reichsführer SS» Heinrich Himmler hielt sich mit Otto Rahn einen gescheiterten Gralssucher als Mitglied seines persönlichen Stabs. In Italien war die Vereinnahmung des Grals durch die extreme politische Rechte bei Julius Evola weniger spektakulär, aber gleichermaßen bedenklich. Die frühe Verbindung des Grals mit den Motiven «Blut» (und sei es das Blut des gekreuzigten Christus) und «heroische Suche», insbesondere der Suche durch den einzelnen Helden, der sich alleine seiner ihm von der Vorsehung bestimmten Aufgabe stellt, scheint dem Gral ein besonderes Potential mit auf den Weg gegeben zu haben, sich durch völkische Ideologien missbrauchen zu lassen. Freilich ist dies aber nur ein Potential, kein Zwang oder Automatismus: Der Gral kann dem religiös-politischen Wahn dienen, aber er muss es nicht. Für Wolfram von Eschenbach dient der Gral dem Werben um die Gunst einer Frau, und der Bruder seines Gralskönigs macht keinen Hehl daraus, dass er (offenbar mit voller Billigung des Dichters) die Gralsträgerin dem Gral in jeder Hinsicht vorzieht. In jüngerer Zeit stehen weite Teile der Gralsrezeption in Glastonbury, von der Jahrhundertwende bis in die Gegenwart, oder die monumentalen Romane von Kate Mosse für eine Faszination, die den Gral primär in eine gegenkulturelle Kritik an überkommenen Macht- und Geschlechterstrukturen einbettet: Dem «rechten» Gral Rahns steht hier ein «linker» Gral gegenüber.

Wolfram von Eschenbach, die ersten beiden Fortsetzungen des *Perceval*, Monty Pythons *Ritter der Kokosnuss* und Umberto Ecos *Foucaultsches Pendel* sind deutliche Beispiele dafür, dass der Gral nicht von jedem, der sich mit ihm befasst, existentiell ernst genommen wird oder werden muss. Wo er ernst genommen wird, dort scheint er jedoch eine Tendenz dazu zu haben, in gegenkulturellen, «alternativen» oder zumindest kritisch eingestellten Teilen des kulturellen Spektrums am ehesten eine Heimat zu finden; dies gilt gleichermaßen für seine Vereinnahmung durch die extreme Rechte wie für seine Rezeption in der sozialkritischen Linken. In gewissem Sinne galt dies schon für den Platz des Grals im religiösen System des christlichen Mittelalters: Obwohl der Gral seit Robert de Boron von der Literatur der Ritterromane de facto als Passionsreliquie behandelt wurde, wurde er als solche von der Amtskirche nie anerkannt und kaum je auch nur zur Kenntnis genommen. Der Gral des Mittelalters ist ein christliches Motiv, aber er ist dezidiert nicht kirchlich; selbst der «heilige Kelch» in der Kathedrale von Valencia wurde, wie eben bereits erwähnt, im Mittelalter kein einziges Mal eindeutig mit dem Gral der Ritterromane identifiziert. Der Gral ist damit zwar Teil des religiösen Spektrums, aber nicht seiner kirchlichen Institutionalisierung. In diesem Sinne ist seine Popularität über die Jahrhunderte hinweg ein gutes Beispiel dafür, dass zwischen Religiosität (oder «Spiritualität») und Kirchlichkeit keine direkte Korrelation besteht – nicht im Mittelalter und nicht in der Gegenwart. Und um ganz in diesem Sinne mit einem Blick auf die Gegenwart zu schließen: Zeitgenössische Publikumserfolge wie diejenigen der Romane von Dan Brown und Kate Mosse sind so möglicherweise sogar ikonisch für eine westliche Gegenwart, die sich vielleicht von manchen Formen institutionalisierter, amtskirchlicher Religion, aber nicht einmal ansatzweise von der Faszinationskraft religiöser Symbole löst. Wie die Geschichte des Grals zeigt, liegt hier ein gewaltiges Potential für eine tiefgreifende Gegenwartskritik – im Guten wie im Bösen.

Leseempfehlungen

Die folgende Bibliographie enthält v. a. weiterführende Literatur und ausgewählte mittelalterliche Quellentexte in Übersetzung. In vielen Fällen existieren vollständige Übersetzungen nur in englischer Sprache; wo dies der Fall ist, werden solche englischen Texte angeführt. Grundsätzlich werden nicht wissenschaftliche Textausgaben, sondern nach Möglichkeit gut zugängliche Leseausgaben angeführt; wissenschaftliche Editionen der Primärtexte lassen sich über die unten gegebenen Nachschlagewerke leicht auffinden. Vereinzelt wurden auch wichtige Primärquellen neueren Datums angeführt, wenn diese für die oben gegebene Darstellung von besonderer Bedeutung, aber allein auf der Grundlage dieser Darstellung nicht ohne Weiteres zu identifizieren sind.

Barber, Richard: *The Holy Grail. Imagination and Belief.* London *et al.*: Allen Lane (Penguin Books) 2004.

Benham, Patrick: *The Avalonians.* Glastonbury: Gothic Image Publications 1993.

Bryant, Nigel: *Merlin and the Grail. Joseph of Arimathea, Merlin, Perceval: The Trilogy of Arthurian Romances attributed to Robert de Boron.* (= Arthurian Studies 48), Cambridge – Woodbridge – Rochester: D. S. Brewer 2001 (reprint 2005).

Bryant, Nigel: *The Complete Story of the Grail. Chrétien de Troyes'* Perceval *and its Continuations.* Cambridge: D. S. Brewer 2015.

Carey, John: *Ireland and the Grail.* (= Celtic Studies Publications 11), Aberystwyth: Celtic Studies Publications 2007.

Davies, Sioned: *The Mabinogion.* Oxford: Oxford University Press 2007.

Eco, Umberto: *Die Geschichte der legendären Länder und Städte.* Aus dem Italienischen von Martin Pfeiffer und Barbara Schaden. München: Carl Hanser Verlag 2013.

Franz, Sandra: *Die Religion des Grals. Entwürfe arteigener Religiosität im Spektrum von völkischer Bewegung, Lebensreform, Okkultismus, Neuheidentum und Jugendbewegung (1871–1945).* (= Archiv der deutschen Jugendbewegung 14), Schwalbach/Ts.: Wochenschau-Verlag 2009.

Hopkinson-Ball, Tim: *The Rediscovery of Glastonbury. Frederick Bligh Bond, Architect of the New Age.* Stroud: Sutton Publishing 2007.

Hutton, Ronald: *Witches, Druids and King Arthur.* London – New York: Hambledon and London 2003.

Jones, Kathy: *In the Nature of Avalon. Goddess Pilgrimages in Glastonbury's Sacred Landscape.* Glastonbury: Ariadne Publications 2007.

Lacy, Norris J. (Hrsg.): *The New Arthurian Encyclopedia.* (= Garland Reference Library of the Humanities 931), New York – London: Garland Publishing 1996.

Lange, Hans-Jürgen: *Otto Rahn und die Suche nach dem Gral. Biografie und Quellen.* Engerda: Arun 1999.

Loomis, Roger Sherman (Hrsg.): *Arthurian Literature in the Middle Ages. A Collaborative History.* Oxford: Clarendon Press 1959.

Malory, Sir Thomas: *Le Morte Darthur.* With an Introduction by Helen Moore. Ware: Wordsworth 1996.

Mertens, Volker: *Der Gral. Mythos und Literatur.* Stuttgart: Reclam 2003.

Peltason, Timothy: «Learning how to see: ‹The Holy Grail›», in: *Victorian Poetry* 30 (1992), S. 463–482.

Purton, Valerie: «Darwin, Tennyson and the Writing of ‹The Holy Grail›», in: Valerie Purton (Hrsg.): *Darwin, Tennyson and their Readers. Explorations in Victorian Literature and Science.* London – New York – Delhi: Anthem Press 2013, S. 49–63.

Rahtz, Philip; Watts, Lorna: *Glastonbury. Myth & Archaeology.* Stroud: The History Press 2009.

von Schnurbein, Stefanie: «Kräfte der Erde – Kräfte des Blutes. Elemente völkischer Ideologie in Fantasy-Romanen von Frauen», in: *Weimarer Beiträge* 44 (1998), S. 600–614.

Simek, Rudolf: *Artus-Lexikon. Mythos und Geschichte, Werke und Personen der europäischen Artusdichtung.* Stuttgart: Philipp Reclam jun. 2012.

Staines, David: «Tennyson's ‹The Holy Grail›: The Tragedy of Percivale», in: *The Modern Language Review* 69 (1974), S. 745–756.

Waite, Arthur Edward: *The Hidden Church of the Holy Graal.* London: Rebman 1909.

Wolf, Kirsten (Hrsg.); Maclean, Helen (Übers.): «*Parcevals saga* with *Valvens þáttr*», in: Marianne E. Kalinke (Hrsg.): *Norse Romance II: The Knights of the Round Table.* (= Arthurian Archives 4), Cambridge: D. S. Brewer 1999, S. 103–216.

Wolfram von Eschenbach: *Parzival.* Nach der Ausgabe Karl Lachmanns revidiert und kommentiert von Eberhard Nellmann. Übertragen von Dieter Kühn. 2 Bände, Frankfurt a. M.: Deutscher Klassiker Verlag 2006.

Abbildungsnachweis

Abb. 1: Der Blick von Wirrall Hill, Photographie © M. Egeler, 2013. *Abb. 2:* Das Artus-Relief der Porta della Pescheria der Kathedrale von Modena, Photographie © M. Egeler, 2013, Abdruck mit freundlicher Genehmigung von Simona Roversi, Erzbistum Modena-Nonantola. *Abb. 3:* Die «Auffindung des Heiligen Grals» in Stanmore Hall, Abb. nach [Anonymus], «The Arras Tapestries of the San Graal at Stanmore Hall», in: *The Studio* 15 (1899), S. 98–104, dort S. 102. *Abb. 4:* Montségur in den französischen Pyrenäen, Photographie © M. Egeler, 2011. *Abb. 5:* Die mittelalterlichen Mauern von Carcassonne, Photographie © M. Egeler, 2011. *Abb. 6:* Die Chalice Well in Glastonbury mit der Quellabdeckung nach Entwürfen von Frederick Bligh Bond (1864–1945), Photographie © M. Egeler, 2013.

Register